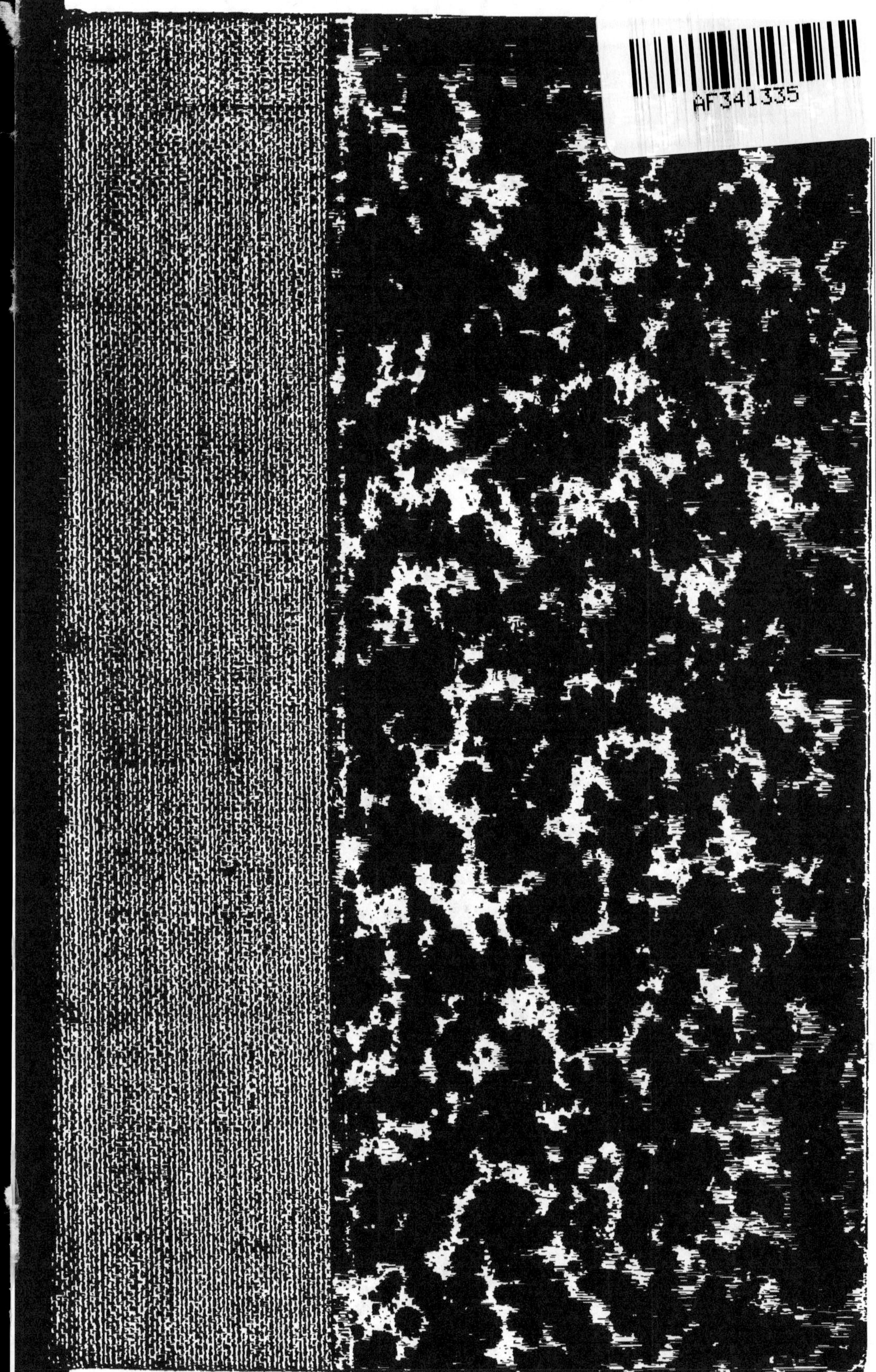

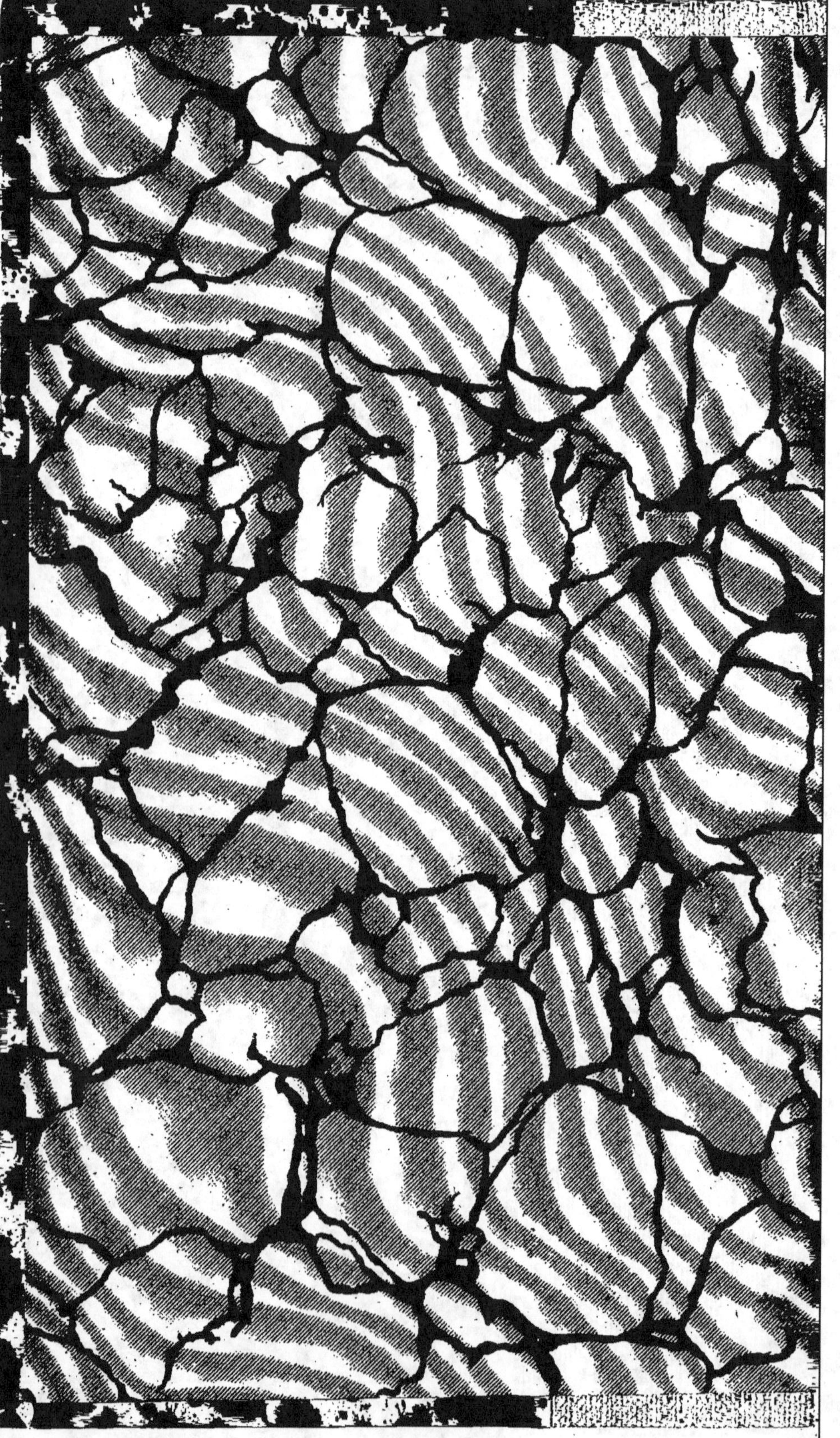

Les Vagabonds de la Gloire

— Deuxième série —

TROIS ÉTAPES

Par RENÉ MILAN

- L'Armée d'Orient ❧ ❧
- L'Aviation maritime
- L'Italie ❧ ❧

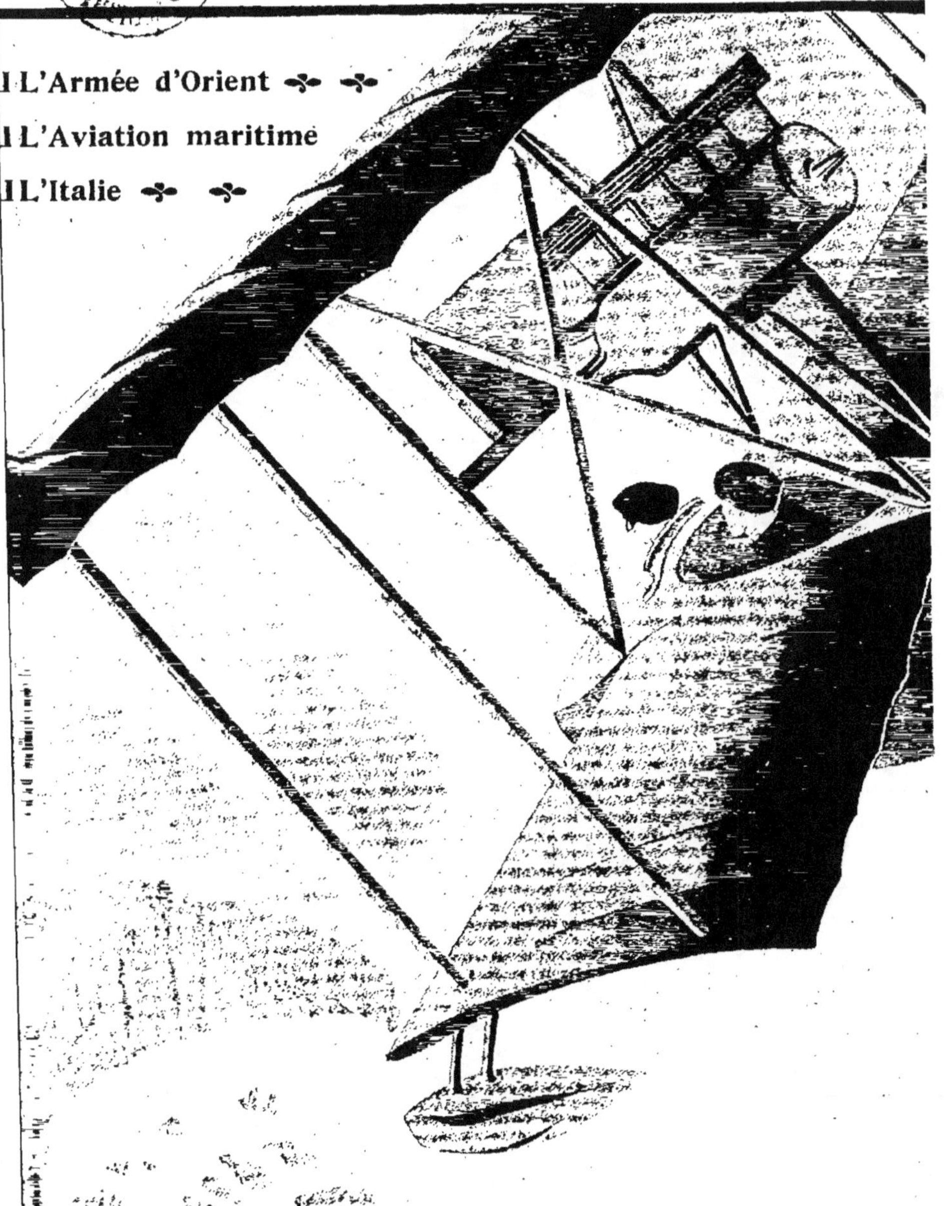

LIBRAIRIE PLON

Il a été tiré de cet ouvrage
15 exemplaires sur papier pur fil des papeteries Lafuma,
à Voiron, numérotés 1 à 15

LES VAGABONDS DE LA GLOIRE

TROIS ÉTAPES

PARIS. TYP. PLON-NOURRIT ET Cⁱᵉ, 8 RUE GARANCIERE. — 22380.

LES VAGABONDS DE LA GLOIRE

(DEUXIEME SÉRIE)

TROIS ÉTAPES

L'ARMÉE D'ORIENT
L'AVIATION MARITIME
L'ITALIE

PAR

RENÉ MILAN

PARIS

LIBRAIRIE PLON

PLON-NOURRIT ET Cie, IMPRIMEURS-ÉDITEURS

8, RUE GARANCIÈRE — 6^e

1917

Tous droits réservés

Depuis la publication des Vagabonds de la gloire *(première série), d'excellents volumes ont fait connaître au public, sous une forme anecdotique et pittoresque, la glorieuse épopée maritime et terrestre des gens de mer.*

Franchissant donc les derniers mois que je passai sur le Waldeck-Rousseau, *et dont le récit n'eût donné lieu qu'à des redites monotones, j'aborde l'année 1916 et quelques-unes des étapes que j'ai traversées : Bizerte, Salonique, la Chalcidique et l'Olympe, la France et l'Italie, l'aviation maritime et militaire. Puissent ces tableaux sincères et variés faire connaître au lecteur de France la merveil-*

leuse légende de la guerre extérieure, son sens profond, et le prodigieux effort de tous les braves qui préparent loin de nos tranchées la victoire de notre cause.

R. M.

Sud-Tunisien, août 1916.

TROIS ÉTAPES

VERS L'ARMÉE D'ORIENT

Bizerte, 16 janvier 1916, matin.

Au mouillage de Bizerte, le *Waldeck-Rous-seau* et ses compagnons de voyage se reposent de leur randonnée. Très vite, ils ont porté des troupes à Corfou ; entre la fin d'une nuit et le milieu d'un matin, ils ont procédé à l'occupation militaire de l'île grecque ; plus vite encore, ils sont revenus vers la Tunisie, où leurs équipages se hâtent d'embarquer du charbon, des vivres et des approvisionnements.

Nous avons ordre de pourvoir à quatre-vingt-dix jours d'absence. Les croiseurs repartent incessamment vers les îles Ioniennes, où ils vont créer une base navale qui protège le passage de l'armée serbe entre les versants de l'Albanie et les collines de Corfou. Les navires autrichiens, les sous-marins allemands, s'efforceront de torpiller les survivants de Belgrade, de Nisch et de Monastir. On nous dépêche à la rescousse. Après avoir longtemps battu les mers pour des recherches inutiles, les croiseurs se préparent à la faction sans mouvement au pied de Corfou la belle.

Notre expédition de la semaine passée n'est plus qu'un rêve, un de ces rêves qui enchantent la vie du marin. Nous nous souvenons avec bonheur de la besogne accomplie et souhaitons celle qu'on nous octroie. Pendant le mois écoulé, d'autres croiseurs ont fait route vers les ports d'Albanie ou du Monténégro, afin de sauver les premières cohues serbes et de les transporter en Corse ou en Tunisie. Je ne connais point encore les divers refuges où la France a décidé de recevoir ces malheureux, mais je sais que ce soir on en attend à Bizerte.

Entre temps, il faut activer notre prochain départ et notre long séjour en eaux grecques. Mille détails, cent papiers, vingt affaires réclament ma présence à bord. Je les pousse activement, afin de pouvoir, la veille du départ, faire à Bizerte quelques achats indispensables et me dégourdir les jambes. Voici plus de quinze jours que je n'ai pas mis pied à terre.

17 janvier 1916.

Tout mon travail est fini. Un grand promeneur, que j'ai mentionné quelquefois dans ce journal, vient à midi frapper à ma porte. Sa voix, habile à persuader, me démontre que la campagne est délicieuse et prône je ne sais quel champ d'iris et de jacinthes suspendu sur l'arête d'un chemin creux. Les arguments de cet aumônier (1) sont invincibles... et trente minutes plus tard je l'accompagne parmi les oliviers tordus et les cailloux.

Je ne me souviens pas du chemin que nous

(1) Mgr Bolo.

fîmes. En quelques enjambées, nous avions franchi les agglomérations littorales et les jardins... Des oueds taris, quelques bouquets de cactus, trois gourbis d'indigènes hantés par les mouches et les mauvaises odeurs, et nous nous perdions en rase campagne. Nos propos étaient sans suite, comme il convient aux récréations. Au bord de la route, nous rencontrâmes de vieilles sépultures exhumées récemment, et je m'y glissai, allumettes aux doigts, pour respirer l'odeur moisie du terreau et des ossements. Au sortir de ces caves, la nature me parut plus belle. Nous étions parvenus au sommet d'un coteau. La montagne de l'Iskheul violette au milieu de son lac gris ; la mer bleue aux velours blanchâtres ; les plages jaunes et les successions de roches mordorées : toutes choses prenaient des valeurs pures. Nous étions bien seuls au milieu d'un paysage sincère. Un Arabe sur une bourrique, des chameaux podagres, quelques femmes, fléchissant sous le poids d'une jarre, animaient par moments le silence. Seuls, les marins peuvent apprécier ces oasis de leur fatigue.

Alors, sur une pente de hasard inclinée

vers un ravin sec, se rencontra le champ d'iris et de jacinthes dont la promesse m'avait séduit. Serti parmi des roches et des haies d'aloès, il se trouvait là sous un ciel pâle et une après-midi facile. Nous cueillîmes des fleurs. Elles cédaient, grasses, flexibles et parfumées, à notre effort qui les arrachait de la terre résistante. Elles abandonnaient sur nos épaules leurs corolles délicates, et chaque fois que nous nous baissions, le bouquet plus nourri enveloppait notre visage. Il y en avait tant, et de si charmantes, que nous hésitions à choisir de peur de dédaigner les plus belles. La noire soutane du prêtre et mon uniforme noir rehaussaient les verts, les violets et les mauves du champ. Nos mains étaient colorées par la sève des tiges et nos bras devinrent trop courts pour encercler les faisceaux. C'était une heure saine, végétale. Nous ne parlions plus.

Comme le soir approchait, nous retournâmes vers Bizerte. Le bleu pâle du ciel se nuançait de pourpre, et des fraîcheurs se traînaient sur les coteaux. Au contact de nos poitrines tièdes, les fleurs commençant à mourir exhalaient des parfums plus troubles, et l'air que nous agitions semblait odorant.

Entre chien et loup, nous pénétrâmes dans Bizerte. Je me proposais de gagner le canot pour rentrer à bord au plus vite. Mais, passant sous le balcon d'un officier de mes amis (1) qui demeure près du port, cet ami me fit signe de monter :

— Le détachement serbe arrive dans cinq minutes, me dit-il là-haut. Reste ici pour voir.

— Je manquerai mon embarcation.

— Bah ! C'est demain dimanche et tu ne pars qu'après-demain. Voici des mois qu'on ne t'a vu.

Pourquoi refuser ? Je pris résolution de coucher en ville, et de faire, le lendemain, tous les achats nécessaires à un long séjour aux îles Ioniennes.

Pendant notre promenade, les réfugiés serbes étaient survenus dans le port de Bizerte, à bord du *Victor-Hugo* et du *Jules-Ferry*. Ils allaient débarquer bientôt, et trouver dans des

(1) Lieutenant de vaisseau Duroc.

casernes la terre promise de leur exode. Le jour ne pouvait guère durer beaucoup plus d'une demi-heure, mais le crépuscule, qui prête de la beauté aux spectacles médiocres, s'annonçait à l'unisson de cette aventure extraordinaire, le relais de soldats balkaniques sur les rives carthaginoises.

Sur l'esplanade du quai, des troupes indigènes encadraient un rectangle vide. Leur chéchia rouge, leur face brune, leurs uniformes kaki, formaient trois traits immobiles derrière quoi se tassait la foule. Des marchands de cacaouettes et de sorbets se faufilaient parmi les ombrelles claires et les jupes écourtées. L'amiral de Bizerte (1) et son état-major arpentaient le terre-plein. Le soleil dorait leurs galons, leurs boutons, et coiffait de pointes rouges les baïonnettes des tirailleurs.

Une sonnerie retentit dans l'air très calme, et l'on vit deux chalands s'approcher du quai de pierre. Ces deux chalands s'enfonçaient sous le poids des soldats serbes, serrés, muets, dont la masse indistincte glissait dans la

____

(1) Vice-amiral Guépratte.

pénombre. Les manœuvres d'amarrage furent silencieuses. Jusqu'au bord de l'eau, l'amiral et les officiers de France allèrent saluer ces exilés qui venaient de si loin, et les officiers serbes, mettant pied à terre, rendirent le salut. Les silhouettes se détachaient en noir sur le vide du rectangle et le violet du crépuscule. Elles étaient petites et nobles. Pendant que les doigts demeuraient aux visières, la musique lança la sonnerie que le règlement accorde aux Commandants en chef, la sonnerie d'honneur suprême, et, afin de rehausser l'admiration de la France pour les hommes qui foulaient son sol, les clairons par trois fois répétèrent : « Aux champs! » Toutes les têtes se découvrirent.

Elles se découvraient devant ces simples soldats, plus glorieux que des triomphateurs. Pendant des mois, seuls contre l'Autriche, retranchés du monde et torturés par la faim, ils avaient tenu tête à l'aigle des Habsbourg, et arraché de leur sol ses serres qui s'y étaient implantées. Bloqués dans leur patrie comme d'autres en une place forte, leur cœur avait nourri le courage farouche de ne point défaillir. Mais un jour, furieux de se briser contre la France et la Russie, l'ouragan germanique dévia vers ces héros. Il n'osa pourtant point les attaquer de front, et lança dans leurs reins le bélier des Bulgares. De même qu'à Waterloo la Vieille Garde refusait de se rendre, de même la Serbie, Garde immortelle des Balkans, offrit sa poitrine ouverte. Les shrapnells et les baïonnettes surgissaient de tout l'horizon, mais leur sifflement et leurs lueurs ne terrifiaient point les Serbes, qui reculaient de sillon en sillon, de colline en colline, enfonçant leurs talons dans le sol béni. Enfin, la marée submergea les villes et les champs, et cette armée, dont aucun mot ne peut exprimer la rage, préféra traverser les glaciers des montagnes plutôt que d'offrir ses poings aux chaînes germaniques.

Sans détourner les yeux vers la campagne où sanglotaient leurs femmes et leurs enfants, ils franchirent les Alpes d'Albanie, où la moindre crevasse ensevelissait leurs chevaux, leurs vivres et leurs canons. Mais aucune ne leur enleva cette arme qui se forge dans les cœurs : la vengeance.

A bout de souffle, ils atteignirent le littoral adriatique et tendirent les bras vers la mer close aux piétons. Cette mer était vide. Chaque nuit rapprochait la menace des obusiers et des projectiles germaniques. Les Serbes ne concevaient plus d'autre alternative que la noyade ou la captivité, et nul ne pourra connaître les délires de ces exilés à qui l'amour du sol avait fait reculer les limites du surhumain.

Mirages de leur désespoir, des cheminées puissantes et des mâtures sveltes soulevèrent leurs regards vers l'espérance. Les Serbes se dressèrent sur la plage sépulcrale et virent des croiseurs français. Comme un archange libérateur, le pavillon tricolore grandissait sur l'onde et ses plis contenaient le salut.

En quelques heures, les sans-patrie se trouvèrent à bord des navires, dans le sein de la France, et si leur cœur s'attardait au rivage, il se réchauffait à la certitude de n'avoir pas souffert en vain. Sur les messies français, les grands croiseurs rapides, les Serbes virent le déploiement des mers inconnues qui donnaient le vertige à leurs yeux campagnards. Quel étourdissement!... Ils frôlèrent l'Italie, et

Malte et la Sicile, sans connaître ces pays ni l'aboutissement de leur destin… Et ils arrivent, dociles, toujours muets, par un crépuscule attendri, dans une ville rose et souriante, où la foule aux mouchoirs agités, les clairons allègres et les baïonnettes amies leur font enfin savoir que les bras maternels de la France se referment sur eux. Quel drame!

Ils n'apportent rien, que leurs mains vides et leurs yeux secs. Chacun d'eux représente l'image du déshérité. Cela serre le cœur. Quand ils passent, en route vers la caserne où ils vont tâcher d'oublier, la foule rangée sur les trottoirs ne trouve plus l'humeur d'applaudir. Ces faces de cultivateurs, tannées par le vent des obus, l'aquilon et les larmes, font entrer dans le soir de Bizerte le froid d'une tragédie sans nom. Les lèvres les plus rieuses tremblent d'émotion. L'on n'entend que le pas sûr, martelé, des soldats serbes qui ont parcouru tant de lieues, et une exclamation rauque, jaillie tous les dix pas de leur poitrine, et qui signifie :

« Vive la France ! »

Oui, soldats serbes, c'est bien le mot qu'il

faut dire. Avant vos malheurs, vous ne saviez sûrement pas où s'épanouissait la terre généreuse de France. Mais elle a souffert comme vous et vous tend les mains. Pour vous, malades du cœur et du corps, elle choisit son apanage le plus doux, la Tunisie, son grenier et son jardin tiède. Détendez votre rancune, recevez notre soleil dans vos membres endoloris, aimez cette patrie d'adoption et empruntez sa force, car elle armera vos poings et reformera vos bataillons pour la conquête doublement chère de la vraie patrie qu'on vous a volée.

Quelques heures s'écoulent. Bizerte se vide. Les rues deviennent sonores au pas du promeneur tardif, et j'entends par la fenêtre ouverte d'une chambre d'hôtel la lointaine mélopée de quelque flûte arabe. Je m'assoupis dans la quiétude d'une journée bien remplie, d'un réveil que rien ne bousculera. Demain je ne retournerai point à bord avant le déjeuner. La matinée suffira aux derniers préparatifs de la prochaine absence. Et, après demain, en route vers les îles Ioniennes.

Bizerte, 18 janvier.

Le tapage du dehors me réveille vers 7 heures du matin. Je referme les yeux à la lumière rose, et, dans la béatitude d'une grasse matinée, me réjouis aux intervalles de somnolence...

Plus tard, dans un avenir très reculé, semble-t-il, il faudra dès l'aube reprendre la veille sur la passerelle et contempler l'onde traîtresse... Mais maintenant, la chambre d'hôtel est délicieuse et des brumes de rêves visitent ma fainéantise. L'un de ces rêves est étrange. Il se manifeste par des coups à ma porte. Je vois même la porte s'ouvrir, et j'entends une voix qui franchit les frontières de mon sommeil.

— Capitaine! — dit la voix. — Capitaine! Levez-vous vite! Vous êtes désigné par télégramme pour commander l'aviation maritime, à Salonique, Armée d'Orient... Le canot vous attend au quai... Votre paquebot part ce soir pour Salonique.

— Drôle de rêve ! — balbutiai-je en l'oreiller. — Drôle de rêve !

Je me retourne pour chercher un autre rêve, moins improbable. Mais la voix se rapproche, une main secoue doucement mon épaule, et par mes paupières entr'ouvertes j'aperçois mon fidèle matelot, rouge d'essoufflement, qui répète et répète dix fois :

— Capitaine ! Vous devez partir ce soir pour Salonique !

Décidément, ce n'est point un rêve.

Paquebot Numidia, *18 janvier, minuit.*

Dieux des marins, vous m'êtes venus en aide ! Par quel miracle, en quelques heures, ai-je inséré dans des caisses trop étroites tout le contenu de ma cabine, rendu mes fonctions aux officiers qui prennent la suite de mon service, mis tant bien que mal en ordre le monceau de papiers officiels dont je suis détenteur, fait des visites d'adieu, rédigé cartes, lettres et télégrammes, déjeuné avec les camarades de dix-huit mois, aux regrets desquels l'émotion m'a

si mal fait répondre, embarqué dans une cha-
loupe mes colis encore béants, gagné le paquebot, et vu défiler devant moi, qui m'en vais, le
Waldeck-Rousseau, qui reste? Avant 4 heures,
je passais les digues. A 5 heures, glissaient au
sud les plages du Cap Bon. A 6 heures, le golfe
de Tunis s'échancrait au sud. A 11 heures,
Pantellaria dressait sur l'onde sa masse obscure. Et me voici, vers minuit, voguant vers
l'Orient, vers l'Armée d'Orient... Je sais que
les marins sont des manières de colis postaux
dont l'étiquette est changante, mais ce coup
de fortune bat les records d'une vie mouvementée.

Avant la mobilisation, j'avais pris à Paris
mes brevets d'aéronautique... Rappelant tous
ses officiers au mois d'août 1914, la Marine les
avait embarqués sur les navires de combat,
dont il semblait que le rôle dût être immédiat
et décisif... Mais cette guerre engendre maint
organe dont l'utilité, d'abord secondaire, s'affirme... L'on me rappelle à mes anciennes
amours aériennes, que j'ai délaissées pendant
dix-huit mois, et je vais commander le centre

d'aviation navale de Salonique. Tout change pour moi. Une feuille est remplie, la prochaine est blanche. Combien ai-je connu de ces bouleversements? Celui-ci est plus profond et mélancolique. Pendant une année et demie, j'ai vécu sur le *Waldeck-Rousseau,* aussi intimement que ses canons et sa cuirasse; comme officier de quart j'ai souvent conduit sa marche et senti dans sa forte membrure les mêmes fatigues qu'éprouvait mon corps; j'ai fréquenté les âmes loyales de ses matelots, de ses officiers. Quand les reverrai-je, tous ceux que la guerre a rendus si proches de moi, tous ceux pour qui fut créé le terme noble et simple : « Compagnons d'armes » ?

Il me semble que, ce soir, je tends la main pour serrer la main nocturne de mon successeur de quart. Mais le pont est vide et je ne connais personne sur ce paquebot qui m'entraîne loin de ce que j'ai aimé vers de nouvelles aventures. Rentré dans ma cabine, assis sur mes malles en désordre comme ma pensée, je ferme les yeux et rêve, l'esprit indécis, à tout ce qui finit en ce jour.

Et puis le sommeil, maître des émotions,

approche à pas furtifs. Le rideau tombe. L'acte est fini. A Dieu vat!

Athènes, 29 janvier 1916.

Pendant l'escale du Pirée, je vais à Athènes afin de causer avec mes camarades de la mission navale française, et d'observer aussi l'aspect de cette ville mélodramatique. Il faudrait quarante pages pour en noter les allures. Ou bien quatre lignes... Quoique vêtu en civil, j'ai été filé à chaque seconde par des agents secrets... Et, à toutes les vitrines, s'étalent des photographies du Kaiser dans l'un ou l'autre de ses mille accoutrements.

Salonique, 30 janvier 1916.

Trop d'années de voyage émoussent l'admiration. Trop de journées et de nuits de veille, au cours de cette guerre, ont épuisé la fraîcheur du regard et des sens. Quand un nouveau spectacle m'étonne, je ne suis pas le jouet de l'ignorance.

Or, Salonique, la Macédoine et l'Armée d'Orient dépassent l'inattendu. Toutes les qualités de drames y vivent; ils surgissent du plus profond des siècles et des races; les voix des acteurs y engendrent un tumulte comme le monde n'en a jamais entendu, et celui qui n'a point regardé cette péripétie aura manqué le prodige que tant de générations avaient préparé pour la stupeur de notre âge à nous.

Salonique, 1ᵉʳ-10 février.

Où sont les lentes navigations d'antan? Est-il réel que pendant dix-huit mois j'aie désiré pousser la roue des semaines et des jours? Tout cela est oublié. Chaque moment de Salonique est gonflé de travail. Du matin à la nuit, le corps se démène, les yeux enregistrent, la pensée produit.

Dès que le loisir viendra, j'affronterai la description de la nouvelle Babel. Au milieu d'un concert discordant de paroles et de pensées, la France y échafaude un grand œuvre. Mais je suis encore trop surpris, trop absorbé en outre par ma propre besogne, pour voir l'Armée d'Orient et la comprendre.

. . . . , une plage en pente douce a reçu le Centre des hydravions. Trois grands hangars verts y dressent leur structure de bois et de toile, et abritent les appareils destinés à glisser sur les eaux et monter dans les airs. Les hydravions sont des bêtes de l'Apocalypse ; la nature, aux âges de ses tâtonnements, construisait des monstres dont nous ne savons plus s'ils nageaient, rampaient ou volaient ; de même l'ingénieur, contraint de créer une machine oiseau et poisson, a réalisé un être qui, dans cent ans, paraîtra fabuleux.

Le corps en est jaune, de bois lisse et verni, et ressemble à quelque dauphin au poitrail carré, à la queue redressée et harmonieuse. Le système des ailes et des ailerons est de toile aux reflets dorés sous le soleil ; ces grandes surfaces sont attachées au-dessus de ce qui pourrait s'appeler les épaules, et l'on dirait les ailes d'un volatile au moment où il veut quitter l'eau : il les déploie horizontales, le plus haut possible, et ses pattes traînent encore tandis que le vent gonfle déjà sa voilure.

L'hydravion est un animal à deux têtes : celle du pilote et celle de l'observateur, qui forment deux sphères au ras de la carène ; leurs mains et leurs pieds, invisibles dans la gaine de bois, manœuvrent les engins du vol et du tir ; derrière eux, l'étoile cannelée du moteur s'attache à la double palette de l'hélice brune, et les cocardes, les bandes tricolores peintes sur les toiles et gouvernails, avivent ce corps surprenant de nuances d'oiseaux des tropiques.

L'œil accompagne ses glissements et son vol avec la même joie qu'éprouve la main à caresser son poitrail ou ses moteurs lisses. Aussi longtemps qu'il rampe à terre, l'hydravion montre la gaucherie des grands volateurs obligés de se poser ; la moindre pierre, un pli du terrain, déchireraient son épiderme mince, et il faut le traîner sur un chariot à roues épaisses, qui le transporte sans trop d'encombre du hangar protecteur jusqu'à la mer son élément. Heurté, cahoté, conduit comme un enfant par les matelots qui dirigent avec douceur ses ailes délicates, il descend vers la rive. On l'incline, son avant s'appuie sur

l'onde ; on retire le chariot ; on pousse légère-
ment l'hydroplane, et il flotte.

C'est alors qu'il est beau. Il accompagne de
balancements paresseux les vagues légères et
le zéphyr le plus incertain. Tout son organisme
en attente souhaite la course et le vol, et, avant
de bondir, se mire dans l'eau calme.

D'un coup de poignet sec, le pilote fait bas-
culer la manivelle, et le moteur, comme un
poumon de Titan qui se gonfle pour l'essor,
déchire l'air d'explosions, très vite fondues
dans un ronflement circulaire. L'hélice jette
derrière elle une colonne de vent ; l'hydroplane
glisse.

Il va doucement, d'abord. Son poitrail
rebrousse une collerette d'écume et ses flancs
allongés plongent dans une dentelle blanche.
Des manettes bien manœuvrées accélèrent le
moteur ; le son monte, s'arrondit davantage ;
de grandes volutes, semblables aux flots d'une
robe fluide, se creusent autour de la bête qui,
souple, anxieuse de quitter la mer, ondule
déjà de tout son corps. Le moteur se précipite.
Une gerbe de diamants se pulvérise autour de
l'hydroplane, qui disparaît dans ce manteau

étincelant, décrit, à la vitesse d'un train rapide, une grande courbe pour mettre le nez dans le vent, manœuvre imperceptiblement ses toiles, et émerge avec lenteur du feu d'artifice liquide.

C'est une montée tellement parfaite, que l'on ne peut dire si l'eau, tout à coup, s'est effondrée, ou bien si l'appareil vient de la quitter par mégarde. Une invisible main semble accomplir le travail. Le grand oiseau est déjà loin. Le son du moteur n'est plus que celui d'un diapason sous le vent. L'hydravion monte parmi les oiseaux, parmi les nuages. Le soleil frappe en plein son épiderme devenu orange, ses ailes prennent tous les reflets épars dans l'espace ; il cherche sa voie, attiré par le large où l'appelle son devoir, et pique résolument vers le golfe où il faut porter ses yeux perçants et son haleine de chasseur.

Chaque matin, chaque soir, deux hydravions au moins partent pour la surveillance du goulet où convergent les approvisionnements et les troupes destinées à Salonique. Des côtes bulgares, de l'Asie Mineure ou de Constantinople, nos ennemis envoient de mauvais larrons qui rôdent à l'affût de cette proie riche et nombreuse. Avant l'installation des hydroplanes, un sous-marin coula, presque en vue de Salonique, un grand cargo qui eut à peine le temps de se jeter au rivage. Mais les yeux aériens décéleront désormais ces visiteurs. La saison est pénible, le travail est dur, et il faut souvent bien de la constance pour affronter les tempêtes atmosphériques. Rien ne doit arrêter. L'ennemi choisirait peut-être son jour d'attaque pendant une tourmente, et l'on marche.

Dans les airs ou sur le sol, les hommes de l'escadrille ne connaissent guère la paresse. Les avions sont des êtres capricieux et délicats ; leur mauvaise santé signifie accident ou mort. Sous les hangars, devant l'établi, les mécaniciens tâtent sans relâche les poumons et les nerfs des appareils au repos. Leurs yeux ont pour ces organes des acuités maternelles, et leurs doigts ne les approchent qu'avec des délicatesses de garde-malade. A petits coups de lime, de ciseau ou de burin, ils rajustent la matière solide aussi prudemment qu'un chirurgien recoud les entailles du bistouri.

Quand il faut démonter une pièce trop fatiguée, les mécaniciens la déposent avec douceur sur des matelas de linge ou des appuis de bois tendre, et leur visage reste pensif, car ils veulent comprendre le secret du malaise afin de le guérir à coup sûr. Il y a des consultations chuchotées. Les officiers interviennent. Toutes les mains sont revêtues de l'huile onctueuse qui adoucit encore le contact du métal. Le vent peut faire craquer les charpentes du hangar, et la pluie du dehors s'acharner dans la boue, mais les oreilles attentives n'entendent rien que l'effort d'une clé serrant sur un écrou l'épaisseur d'un cheveu, ou la plainte légère d'une soupape que l'on rode et dont on enlève ce que représente le pollen d'un papillon.

Nul ne veut martyriser la substance précieuse. Avec crainte, les mécaniciens remontent l'organe qu'ils pensent avoir guéri. D'un chiffon délicat, d'un pinceau sûr, ils l'essuient d'abord, puis le recouvrent de graisse. Pendant les préparatifs de mise en marche, l'inquiétude d'une erreur fronce leurs sourcils, mais il faut voir leur sourire et l'illumination naïve de leur visage quand la vie renaît, que le mouvement s'accélère, que cela tourne, que cela pousse, que cela ronfle. Ils hochent la tête, échangent quelques plaisanteries professionnelles, et vont d'un pas nonchalant soigner quelque autre moteur. Braves garçons!

Il faut pourvoir au bien-être, à l'existence de ces ouvriers et pilotes, et assurer la marche de l'organisation nouvellement née : tâche administrative hérissée de déboires.

C'est presque une naïveté de dire que le rôle de la Marine ne consiste point à entretenir d'établissements à terre; ses moyens, son outillage ni ses habitudes ne l'y ont préparée. Cependant, cette guerre l'y contraint en beaucoup d'endroits du monde, et je gage que toutes les formations maritimes, grandes ou petites, déposées sur un rivage comme Robinson dans son île déserte, ont connu les avatars que l'on rencontre à Salonique.

Chaque heure suscite un nouveau problème. Où trouver des planches pour construire une cuisine, des ateliers, un bureau, un logis? Il en faudrait huit cents, et j'en ai cinquante... Comment se procurer l'eau et la lumière? Quotidiennement, quatre hommes font un perpétuel va-et-vient, transportent sur une brouette des barils qu'ils remplissent à plusieurs centaines de mètres, et les charrient jusqu'à nous pour les besoins du lavage ou de la nourriture. Ces hommes, destinés aux travaux d'entretien, seraient avantageusement remplacés par une canalisation et un robinet... Nous avons besoin de briques, de toiles, de clous, de vitres, de bois à brûler, de marmites et de plats ; nous avons besoin de tout ce qui abrite et aide à vivre.

« Achetez donc sur place, proposera le lecteur innocent. Salonique ne manque pas de magasins où, contre un change honnête, l'on sera trop heureux de vous satisfaire. Vous avez évidemment des pouvoirs et des fonds : usez-en. »

Ce serait trop beau, trop simple et rapide. Les armées, les marines alliées possèdent à Salonique des entrepôts de toute nature, et les règlements exigent que chaque unité s'adresse d'abord à ces mines officielles. Nul ne doit recourir à l'achat sur place que quand toutes les recherches sont infructueuses, et qu'il y a urgence.

Il faut s'exécuter. Nous voulons des planches. Nous les voulons demain, ce soir, sur l'heure. Trois fois déjà, j'ai signé des demandes progressivement suppliantes. A la Marine, j'ai dit que la pluie coule sur les hamacs des hommes, sur les dossiers et archives, que le personnel est entassé comme moutons en bergerie, et qu'il est indispensable de construire des locaux supplémentaires. Après trois jours de circuit, cette première note revient, agrémentée d'une réponse très précise, qui m'informe que les disponibilités de la Marine ne permettent point de me donner satisfaction, et me conseille de m'adresser à la Guerre... La Guerre me renvoie ma deuxième note, après quatre jours — ce qui fait sept — et porte à ma connaissance, d'une façon fort courtoise, qu'il y avait lieu d'écrire au Génie, détenteur des matériaux de constructions, lequel Génie ne manquera point de prendre bonne note de mes besoins si son approvisionnement l'y autorise... A la fois triomphante et persuasive, car il pleuvait à verse pendant sa rédaction, ma troisième note s'est lancée vers le Génie. Cinq jours plus tard — ce qui fait douze — le Génie bénévole me fait savoir qu'il fournit présentement des planches pour trois appontements nouveaux, deux ambulances et quatre camps en formation ; qu'il ne peut, à son très grand regret, en distraire aucune pour l'escadrille d'hydravions, mais qu'il attend de France une cargaison mirifique ; vers la fin de la semaine — ce qui fera dix-sept jours — si je réitère ma demande, si le chargement est arrivé à bon port, et si de nouvelles nécessités n'ont pas surgi, je peux compter sur trois cents planches.

Il continue à pleuvoir sur les matelots et les dossiers... Sans doute, près du port, je connais un estimable marchand de bois qui me livrerait tout de suite mes huit cents planches. Ce soir, hommes et papiers dormiraient au sec. Mais il faut obtenir des planches officielles. Puisqu'il en existe en armée d'Orient, nul contrôleur ne ratifierait un achat direct. C'est le moment de faire marcher la garde, et d'arracher, à n'importe qui et n'importe comment, des planches.

Je saute dans l'automobile. Cette automobile a une histoire, on le devine, une histoire en plusieurs chapitres, avec péripéties, duels et cris de détresse. A ma venue ici, le moindre voyage à Salonique prenait quatre ou cinq heures, aller et retour. Que de plaidoyers n'ai-je pas tenus pour qu'on me prêtât quelque véhicule économiseur de temps! C'est le chef de l'Aviation militaire (1), qui, ému de ma peine, vient d'accomplir cette bonne œuvre. Grâces lui en soient rendues. Il n'aura point affaire à un ingrat, quoique je ne devine guère ce que je pourrais lui céder en échange.

Dans cette automobile, estampillée déjà d'une hélice bleue aux ailes rouges, insigne de l'aviation, qui fait souvenir de l'épervier des monuments égyptiens, je saute donc. Un marin, baptisé chauffeur, la conduit avec adresse parmi les ornières et les cailloux. Entre deux cahots, je consulte la liste des visites qu'il faudra faire, des personnages à séduire, des barrières à renverser... Pour les planches, je connais très bien le grade, la fonction et presque le caractère de mes antagonistes prochains. Mais, ce même soir, il faut découvrir les

(1) Capitaine, depuis commandant Denain.

repaires où se cachent : premièrement, les fils barbelés pour enceindre mon territoire ; deuxièmement, des plaques de tôle de deux millimètres d'épaisseur ; troisièmement, des lampes électriques portatives. J'ai un besoin urgent de bien d'autres choses, mais je sais pertinemment que je n'obtiendrai même pas celles-là, et il est superflu d'encombrer la liste.

La première halte est au centre d'aviation terrestre, sise entre nous et les faubourgs, sur la même route, le boulevard Allatini. Comparée à notre unité, cette installation est princière. La façade des multiples hangars a la majesté d'un palais de Versailles. Des magasins, des ateliers, des forges couvrent je ne sais combien d'hectares. Sur le terrain de manœuvre, atterrissent, courent, s'envolent sans arrêt les avions qui, venus des quatre coins du ciel, vont rejoindre leurs escadrilles réparties tout autour du camp retranché. Chaque jour, les grandes caisses, arrivées de France, dégorgent de nouveaux appareils. Des cavaliers assurent la police du terrain. Maints tirailleurs noirs montent la faction. Un peuple d'ouvriers, de mécaniciens, circule et travaille. Sur la route, la population grecque bée aux jeux des oiseaux tricolores. Une rangée de caisses, qui semble interminable, abrite tous les services — d'une façon étanche — depuis le vaguemestre et le cordonnier jusqu'au cabinet photographique, à l'ambulance et aux fourriers. L'état-major du parc réside là ; les caisses qu'il a choisies pour demeures sont aménagées avec goût et confort. Le commandement de l'Aéronautique loge dans une villa blanche, au bord de l'eau, et d'un coup d'œil embrasse son domaine, et la rade, et les montagnes derrière quoi travaillent les escadrilles. Tout cet ensemble respire la solidité, le nombre et la richesse nécessaires à l'un des grands services de l'Armée d'Orient. Tel le Petit Poucet, j'entre dans ce marquisat de Carabas.

Mais les seigneurs du lieu, qui règlent les mouvements de plusieurs douzaines d'avions, ne marquent point de hauteur au parent pauvre, chef de six hydroplanes. Ils ont voyagé sur les navires. Ils savent que notre richesse est sur l'eau, et que nous sommes ici pour veiller à la sécurité des transports de Salonique. Et puis, si j'ose dire, ils appartiennent au même bâtiment. Mes soucis sont chétifs, mais de même nature que les leurs : quand je mendie cent planches, ils en réclament cinq mille, et ils sollicitent en France, par tonnes et quintaux, ce qui me satisfait par kilogrammes et livres. En deux paroles, ils exaucent mes requêtes. Vis, goupilles ou boulons sont cédés sur-le-champ et envoyés à mon escadrille. Je remercie. Toutes les mains se tendent au départ. Les invitations à déjeuner, à dîner, jaillissent spontanément. Quelques jours ont suffi pour faire de ces officiers de très bons camarades. Avant peu, presque tous seront des amis.

Dans le chaos des fourgons et des prolonges, l'automobile maritime démarre vers la ville. Les creux et les bosses pullulent sur le boulevard Allatini. Un ravin sec le coupe. Des ingénieurs facétieux l'ont recouvert d'un pont qui n'est point dans la ligne des deux tronçons de route, mais oblique. Ce pont n'a pas de murailles latérales, le charroi y est dense, et, dans la double embardée qu'il faut faire, les roues passent à frôler le bord. On peut chaque fois espérer que le voyage finira dans le ravin, mais l'habileté des chauffeurs déçoit cette attente.

D'ailleurs ce danger n'est rien. Après un coude brusque à gauche, la voiture s'engage pour plusieurs kilomètres dans les deux avenues successives de la Reine-Olga et du Roi-Georges. En temps normal, comme je les ai connues avant la guerre et au mois de décembre 1914, ces avenues livrent passage à une double ligne de tramways, qui passent languissamment entre deux rangées de villas, de maisons de plaisance et de consulats. C'est le quartier riche et calme, l'Auteuil de Salonique.

C'était le quartier calme, devrais-je dire... A toute vitesse, dans les deux sens, circule une interminable théorie de véhicules aux bruits de tonnerre. Camions chargés de bois, de viande ou de métal, tracteurs surmontés de foin oscillant, de caisses de fer-blanc ou de barriques, voitures de la Croix-Rouge, haquets grinçants, tombereaux et charrettes, tout ce qui se sert du moteur, du cheval ou du mulet, s'engouffre à des vitesses diverses dans cette rue aux pavés retentissants, et y crée un train à donner le vertige. Du port aux camps orientaux, des camps vers le port, roulent sans se lasser les roues cerclées de fer ou de caoutchouc ; les carrosseries portent cent écussons divers, des abréviations cabalistiques, des cocardes françaises ou anglaises ; les conducteurs appartiennent à toutes les races qui ne sont point nos ennemies... Étonnés de ces compagnons nouveaux, les tramways d'antan cheminent avec une lenteur raffinée, dans le but d'affirmer que tant de hâte ne convient guère aux pays du Levant. Pour augmenter le désarroi, des escadrons de chevaux ou de mulets, débarqués au matin des navires, gagnent en ruant, piaffant et hennissant, les dépôts lointains de la campagne.

Souples, lancées avec précision vers la droite et la gauche, se faufilent les voitures de service et d'état-major. Elles frôlent les marchepieds du tramway et les essieux des camions, mais portent déjà loin, dans un nuage de poussière, les généraux, les officiers de liaison, qui, du Quartier Général aux brigades,

des tranchées au débarcadère, des magasins aux batteries, activent les ordres, les demandes, les réponses. Perdues au milieu de ce remous, quelques automobiles grecques, au petit étendard bleu et blanc, font souvenir que Salonique n'est française ni anglaise.

Selon l'encombrement, le trajet semble plus ou moins interminable, et l'on entre sur le quai. Depuis leur conquête, les Grecs le nomment *boulevard de la Victoire*. Son abord est surplombé par la Tour Blanche, donjon massif, vestige d'une conquête antérieure en cette ville qui a subi tant de dominations ; sa masse rébarbative, dépourvue de tout accessoire d'architecture, semble encore plus surannée par le voisinage d'un jardin public, de restaurants et de cafés, et des maisons modernes, sans caractère, qui s'alignent le long du quai.

Ce quai ressemble à tous ceux que le voyageur rencontre sur les rives méditerranéennes. Il réunit le bonheur de l'exposition, la vivacité du mouvement et le pittoresqus des passages. Très long, très large, il regarde la baie de Salonique et les belles montagnes qui avoisinent le golfe. Aucun jeu de la lumière, qui s'y repose à flots, n'est perdu. Les cuirassés alliés, les transports, les navires-hôpitaux font au panorama présent une ceinture de cheminées et de mâts. Le nuage de leur fumée traduit la puissance des deux peuples qui ont marqué ce port par une des étapes de leur victoire. Incessants et mobiles, des voiliers, des caïques et des boutres se traînent sous la brise parmi les hôtes majestueux de la guerre. Le long du rebord de pierre surélevée, des bricks et des barques déchargent leurs marchandises. Les uns, anxieux de repartir, présentent leur arrière au quai ; d'autres, heureux de leur halte, veulent se coller au rivage du mieux qu'ils peuvent, et projettent au-dessus de la chaussée leur beaupré et leurs cordages blanchis de sel. Ils sont si pressés qu'on ne voit point l'onde entre leurs flancs. Ils ont pris, dans tous les ports du monde, les marchandises que Salonique, port neutre et voisin de tant de côtes belligérantes, réexpédie où il lui plaît, sans que personne y puisse trouver à redire... Voici treize mois, j'ai vu cette rade vide et presque anémiée. Quelque plainte que j'entende, ici,

sur les inconvénients de notre venue en Macédoine, je doute qu'avant dix ans, les Saloniciens n'évoquent pas avec regrets l'Armée
d'Orient qui enrichit toute une province.

A l'extrémité occidentale du quai, les docks
et entrepôts recueillent les marchandises. Ce
district n'échappe point à la laideur habituelle.
Voies ferrées et plaques tournantes, bâtisses
de béton et de poutres en fer, auvents, ballots
et grues, poussière et mauvaises odeurs, avoisinent les deux hautes maisons où la Marine et
la Guerre ont installé leurs quartiers généraux.
Mon automobile s'arrête entre les deux façades, opposées sur les trottoirs de la même
rue, et bordées de cinquante voitures officielles. Chacune a porté son quémandeur, et il
en arrive de minute en minute. Je prends
rang. Les divertissements de la route m'avaient
fait oublier mes planches, mais je viens lutter
pour les marins qui, à dix kilomètres de distance, comptent sur moi pour dormir bientôt
dans un hamac sec.

Naguère, le Quartier Général de l'Armée
d'Orient était une de ces cités mercantiles, où
chaque bureau contenait un office de négoce,

où chaque porte s'illustrait d'une plaque au nom grec, turc, français ou germanique. Pendant les heures de travail, les trafiquants y recevaient leur courrier, rédigeaient leurs télégrammes et parlaient au téléphone. Cette ruche aux alvéoles multiples convient parfaitement au Quartier Général. Les services d'un Grand État-Major y trouvent la multiplicité nécessaire des locaux. Chaque étage, et, dans chaque étage, chaque corridor, offre le nombre indispensable de portes. Il a suffi de barrer le nom de M. Léonidas Pappadiamantopoulos (1), d'y coller sur un bout de papier celui de M. le capitaine Durand (1), 3ᵉ bureau, et d'écrire en lettres épaisses la sentence obligatoire : *Défense absolue d'entrer.*

Oh ! dans peu de jours, quand le hasard des rencontres m'aura fait connaître, en dehors du service, les divers ploutocrates qui détiennent mes planches, ou mes fils barbelés, ou les renseignements confidentiels dont j'ai besoin pour mes opérations, dans peu de jours, dis-je, je regarderai d'un air narquois

(1) Il va sans dire que je n'ai pas lu ces noms, mais d'autres.

la pancarte : *Défense absolue d'entrer*, je tournerai le bouton de la porte, et une poignée de main, un sourire, une cigarette, une chaise, m'attendront là derrière. Il est vraisemblable qu'alors je n'aurai plus besoin de rien. Mais aujourd'hui, où j'ai besoin de tout, un planton fort correct m'annonce que le capitaine Durand, 3ᵉ bureau, me prie d'attendre cinq minutes.

A l'Armée d'Orient, comme en toutes les armées, ces cinq minutes-là font une bonne heure. Parfois, elles s'étirent et deviennent le lendemain, pour peu que le capitaine Durand, appelé par téléphone, vous fasse dire qu'il court en automobile à Sedès, Zeitenlik ou Topsin, et vous demande de repasser une autre fois... Ne supposons point le pire.

Au bout d'un quart d'heure d'attente, l'on a photographié dans sa rétine les majuscules *Défense d'entrer*, les bâtardes *Léonidas Pappadiamantopoulos*, et les anglaises *Capitaine Durand, 3ᵉ bureau*. Après une demi-heure, on fait quelques pas, timides, jusqu'au coin du corridor. Là, on examine un placard où dorment trois balais, un seau, des chiffons et quelques pots de peinture. On les compte et les recompte, y compris les araignées et les grains de poussière. Pendant ces manœuvres pleines d'intérêt, grandit la certitude que des quatre courses à faire, la quatrième est condamnée, et puis la troisième, et puis la seconde. D'autres officiers surviennent, qui consolent cette rage croissante par leur mine contrite. Ils ont, eux aussi, un petit papier à la main. Très pressés en arrivant au corridor, ils se calment au chuchotement du planton correct, se rangent au mur comme moineaux sur un fil télégraphique, étudient les pancartes, et font le petit voyage vers le placard aux balais.

— Le capitaine Durand vous prie d'entrer.

Tous les capitaines Durand ont la même âme, dissimulée sous des visages divers. Quand ils se battent, aux tranchées ou en rase campagne, ils ne connaissent qu'un ennemi, l'ENNEMI. Mais lorsque leur destin les assied devant un bureau, ils ont tôt fait d'apprendre qu'il existe un ennemi plus tenace, plus sournois, plus irréconciliable : le chef d'unité qui demande à faire marcher son unité. Que le capitaine Durand soit le gardien des chevaux, du matériel, des billets de banque, des automobiles ou des hommes, peu importe ; il acquiert l'âme de la louve à qui l'on prétend arracher ses petits. La faute n'est point sienne. Elle appartient à la fonction. L'on devient triste en entrant dans un cimetière, gai en écoutant un vaudeville, avare en s'installant dans un bureau.

Aux premières paroles, le capitaine Durand vous arrête. *Tu quoque!* dirait-il, s'il se souvenait de Brutus et de César. Mais ses propres misères lui suffisent. La main gauche sur une pile de papiers, la main droite fendant l'air à petits coups démonstratifs, il attendrit en trois phrases le plus hargneux des solliciteurs.

— Des planches! mon cher ami! Tenez! regardez les demandes du jour... et la vôtre date d'une semaine... Hôpital 18 : quinze cents! Escadrille 83 : deux cents! Batterie 6 : mille! Dépôt d'automobiles : sept cents!... Conclusion, on m'en demande vingt mille... Savez-vous combien il m'en reste?

L'interpellé se soucie bien du nombre de planches qui reste! Il lui en faut huit cents, comptées au plus juste. Il devine que les autres officiers du couloir viennent aussi pour des planches, que d'autres sont venus ce matin, que d'autres viendront demain. Avec angoisse, il brandit les arguments renforcés par douze jours d'attente. Son plaidoyer devient pathétique, et n'importe quelle âme sensible serait émue par tant de chaleur. Mais le visage du Crésus reste fermé, et ses yeux, levés par instants, attestent le plafond de sa mansuétude.

La pluie redoublant aux carreaux fait enfin jaillir les accents du désespoir. Dans quel état vont être les hommes et les archives? Les raisons permises ont échoué. Ayons le cœur d'employer la ruse.

— Eh bien, gardez vos planches! Voilà douze jours qu'on me renvoie de Pierre à Paul et, après tout, je m'en lave les mains. Mais si, cette nuit, mes hommes attrapent la colique, la fièvre ou des fluxions de poitrine, je dirai dans mon rapport que vous m'avez refusé les planches.

Certaines paroles ouvrent les oreilles des capitaines Durand, certaines perspectives les convainquent. Ils sont hommes, et psychologues. Leur mauvais visage, leur refus du premier abord, ne sont que feintes habiles pour bien mesurer l'urgence d'une requête. Leurs richesses, convoitées souvent par des prodigues, ne doivent se distribuer qu'aux vrais besogneux.

Faut-il leur en vouloir? Non certes! En Flandre, en Champagne, aux Vosges, ici et partout, cette parcimonie, cette universelle prudence ont endigué des gaspillages qui eussent saigné la France. L'on doit admettre que les capitaines Durand ont raison, puisque les mêmes devoirs donnent à chacun la même âme et qu'avant ou après, loin des bureaux, ils ne se font pas faute de vitupérer contre cette ladrerie. Si le hasard me plaçait en leur fauteuil, agirais-je mieux ou autrement?

Les huit cents planches sont conquises, mais l'après-midi s'achève. A demain d'autres combats. Dans ces luttes de chaque instant, le chef d'unité semble vouloir franchir un mur avec une échelle trop courte; il n'y parvient qu'à la force du poignet. Tous ceux qui ont passé là comprendront. D'ailleurs, ces efforts font vivre. On trouve plus de prix aux choses obtenues de haute main, et j'aime bien davantage nos hydravions pour toute la peine qu'ils me donnent.

Avant de regagner mes pénates, je m'arrête d'habitude dans la rue Venizelos, Cannebière de Salonique. C'est une Cannebière fort courte, assez étroite, et dont la vue sur le golfe est perpétuellement obstruée par les tramways qui stationnent. Mais elle est pittoresque et résume toutes les étrangetés des moments étranges de cette ville.

Le bruit dominant y est la clameur des vendeuses de journaux, gamines échevelées et audacieuses. Elles crient du haut de leur voix les titres de leurs feuilles, courent d'un trottoir à l'autre, harcèlent le client, et font, en ce manège, preuve d'une infaillible perspicacité. Dans Salonique surgissent et meurent vingt gazettes, champignons de la guerre. Cinq langues s'y impriment, également martyrisées par des rédacteurs faméliques : la grecque, la turque, l'israélite, l'anglaise et la française. Deux opinions les partagent : pour nous ou contre nous. Il y a une troisième opinion, celle des neutralistes. Il y en a une quatrième, celle de la Grèce avant tout. Il y en a une cinquième, celle de Salonique avant tout. Il y en a six ou sept ou huit. Les communiqués les plus précis sont distendus et tordus à n'y comprendre goutte. Les Allemands, gros malins, publient en langue française un journal aux allures anodines. Colonnes sur colonnes y reproduisent les nouvelles de Paris et de France, mais un télégramme, émané généralement de Berne, Amsterdam ou Stockholm, insère en quatre lignes les catastrophes subies par la Quadruple-Entente. Le bon peuple de Salonique n'y voit évidemment que du feu, absorbe ces histoires de Croquemitaine, et la Kultur enregistre une nouvelle victoire... Cette astuce n'a qu'un défaut : la feuille allemande est écrite en un français qui ferait rire aux larmes le petit marchand d'allumettes du coin.

Les vendeuses ne font jamais d'erreur : aux venizelistes, elles offrent les thèmes venizelistes, aux skouloudistes la littérature skouloudiste, et il suffit de voir les passants auxquels leurs mains tenaces proposent la feuille germanique, pour connaître sûrement qui ne nous aime pas. Avant-hier, par jeu, mon compagnon et moi prétendîmes acheter ladite feuille, mais la vendeuse écarta notre main d'un air réprobateur, et tira du milieu de sa liasse le journal francophile : « C'est le bon », ajouta-t-elle en clignant de l'œil, et nous lui payâmes prix double, générosité qui s'annonce onéreuse, car tous les jupons courts se précipitent désormais à notre apparition, et, quand nous sommes déjà pourvus d'un journal, réclament une aumône sur le mode suraigu.

Cet achat de gazettes représente le tribut obligatoire de la rue Venizelos; à moins d'y tenir en évidence l'imprimé protecteur, l'on ne saurait prétendre à la paix du cœur, ni à la liberté des yeux, qu'il est bon de garder grands ouverts. Je n'ose parler des oreilles. Elles perdraient leur peine. Salonique est la ville où l'on chuchote.

Derrière les vitres des cafés, l'on aperçoit des têtes penchées l'une vers l'autre au-dessus d'un verre de mastic ou de vermouth, et qui se communiquent des secrets. Deux amis, lisant un même journal, soulignent du doigt tel paragraphe, échangent des mots à voix basse et continuent leur lecture. Que l'on entre chez le changeur, le marchand de tabac ou l'épicier, toutes les personnes présentes vous dévisagent, et reprennent leur murmure en tournant le dos. Des oreilles lointaines, à Paris, à Sofia, à Londres, à Berlin, à Constantinople écoutent les moindres propos tenus à Salonique. On cache ses espoirs, ses craintes, ses amours et ses haines. Le Grec dissimule à son voisin et à son frère; il dissimule aux Français et aux Anglais; il dissimule aux Bulgares et aux Serbes, aux Allemands et aux Autrichiens, à tous ceux qui sont dans Salonique en uniforme ou en civil, espions cachés, cerveaux ouverts; toutes les races mélangées par la plus extraordinaire aventure de cette guerre, — une ville neutre occupée par des belligérants qui doivent y souffrir la présence de leurs ennemis, — toutes les races s'épient et se taisent. Quand par hasard s'arrête le tumulte des tramways, des automobiles et des vendeuses, l'on n'entend point le concert bourdonnant des conversations libres. Il semble que la multitude soit frappée de stupeur, et que des oreilles aux aguets écoutent ce qui va sortir de ce silence.

Sous la gaîté coutumière du Français, qui

se traduit toujours par la franchise de son
regard, rôde cette inquiétude de ne pouvoir
parler de bon cœur. Les officiers de passage,
débarqués des transports ou émergés de leurs
tranchées, apportent l'air du large et le parfum de la terre remuée. Ils sont heureux de
vivre, tous ces alpins, chasseurs, artilleurs et
fantassins, bronzés par les batailles de Serbie,
tannés par l'immense besogne du camp retranché, et ils voudraient se détendre dans la
ville de repos. Mais leurs gestes sont observés
par des prunelles froides : amies ou hostiles,
elles ne veulent point se trahir. La contrainte
universelle s'appesantit, et les Français font à
leur tour des groupes qui murmurent, têtes
rapprochées, les grandes et les petites nouvelles.

Près d'eux, près des Anglais, passent les
soldats grecs qui ne saluent point. Les officiers ne saluent point. Ils ne cèdent jamais le
pas aux supérieurs des deux nations alliées;
ils ne s'effacent jamais aux passages des portes.
Quand l'un d'eux, par mégarde, ébauche le
geste de porter la main à la visière, il se
reprend bien vite et passe. Salonique doit

être neutre... Les Grecs et nous, formons des courants d'huile et d'eau qui se frôlent, se heurtent, et ne se mélangent pas encore.

L'heure n'est pas venue pour moi de décanter les impressions que donnent tous ces remous. Sous peu de jours, plus libre, je visiterai les camps, les lignes, les escadrilles et les batteries lointaines; je pénétrerai dans la société de Salonique, où l'on proclame à portes closes ce qui ne peut se dire en public; le grand drame grec et le grand œuvre français prendront alors toutes leurs valeurs, invisibles à l'heure présente dans l'étourdissement de l'arrivée.

Quand la nuit approche, j'ai hâte de me retrouver dans un peu de solitude. Les soucis de métier, les surprises de l'observation font des journées bien pleines, et c'est avec une fatigue un peu somnolente que je me dirige vers le petit pavillon de la rue tranquille où je demeure.

Cette rue prend naissance dans l'avenue de la Reine-Olga, tumultueuse et aristocratique, mais, après quelques pas, se perd dans la campagne. On a donné le nom de rue à ce sentier

sans trottoirs, où les voitures passent malaisé-
ment en accrochant les murs, et qui mène
son cours tortueux parmi les ornières et les
talus. Au bord du terrain vague où elle meurt,
se dresse une maison silencieuse, à un étage ;
un grand jardin, plein de fleurs et coupé par
une allée pavée de cailloux en mosaïque, ne
reçoit pas les bruits du monde. De beaux
arbres, des vases de pierre haussés sur des
tiges cannelées, lui donnent un faux air de
Renaissance italienne. Les hôtesses de céans
sont aimables et réservées. Jusqu'à présent je
n'ai guère causé avec cette veuve israélite, ni
avec ses trois filles, qui ont loué à l'un des officiers de mon centre (1) et à moi le petit pavillon
isolé où l'on dort si bien. Deux chambres, un
bureau-salon, une cuisine, forment un palais
pour des marins accoutumés aux étroitesses
des navires. Nous sommes là, tous deux Français, pas trop loin de l'escadrille, pas trop près
du monde tumultueux, et perdus dans le
grand silence. Trépidations et cris, bruits de
machines et piétinements d'équipage, tout est

____

(1) Enseigne de vaisseau Pouyer.

remplacé par la terre solide et muette. Par la fenêtre laissée grande ouverte à l'air vif de la nuit, je ne redoute point qu'un paquet de mer vienne inonder mon sommeil, et nul timonier ne frappe à ma porte pour m'informer qu'il est « moins le quart ».

Si je regarde au dehors, je vois un terrain vague, deux cabanes de miséreux bien pourvus de marmaille, et, presque à un jet de pierre, une maison à véranda. Deux formes voilées s'appuient sur la balustrade. Le voile de l'une est vert, celui de l'autre blanc, et leur costume turc. Quand le soir n'est point trop humide, des accords de guitare ou de balalaïka viennent de ce balcon, et ils représentent tout ce que j'entends d'humain. Cette musique orientale accompagne et poétise la lecture du livre que je feuillette de plus en plus lentement, et je m'endors.

Une autre musique me réveilla, vers 2 heures du matin, peu de temps après mon arrivée. Elle était légère et tenace, et je m'imaginai qu'une mouche croisait devant la fenêtre. Mais il n'est point de mouches en hiver, et je sus qu'un Zeppelin approchait.

Il venait de l'est, très haut, dans la nuit froide et obscure. Sur le fond grisâtre du ciel, il avait la forme et la longueur d'un crayon d'ardoise, et il allait droit, vite, pilote des ténèbres. Son ronflement descendait sur la ville avec plénitude et apportait la mort nouvelle, celle qui tombe des cieux. Il passa près de mon zénith; j'avais la tête renversée pour le voir; trois par trois, plus loin, ses bombes firent de triples éclairs et de triples déchirements. Elles blessaient la nuit, et, dans la ville soudain réveillée, chacun se demandait avec angoisse où s'abattait le meurtre... Mais c'étaient là des tirs de réglage, et le géant aérien cherchait une cible digne de destruction. Sans nul doute, deux ou trois jours auparavant, son capitaine était venu à Salonique, et, nonchalant parmi la foule silencieuse, avait étudié les directions de rues et l'emplacement du Quartier Général; peut-être au café, avant de retourner en Bulgarie, s'était-il assis à côté des officiers, des soldats de France que sa ruse espérait réduire en miettes. Sans doute encore, par ses conseils, quelques fidèles de la Kultur avaient, au sommet des toits, disposé des lumières et des feux, prêts à luire au moment fatal, et dont les lignes convergeaient vers le bâtiment de l'état-major.

Du haut des nuages, l'Allemand cherchait les points blancs, ou verts, ou rouges, semés selon son plan sur la masse obscure de la ville, et il les trouva enfin, car, dans l'ombre mortellement silencieuse d'avoir été déjà meurtrie par les premières bombes, éclatèrent trois tonnerres, sourds, lointains, qui firent trembler sur leurs bases les milliers de maisons.

L'on attendit les autres, mais le Zeppelin avait épuisé son bagage de destruction, et, rendu plus invisible par l'épanouissement d'incendie qui envahissait les ténèbres, il s'enfuyait déjà vers les repaires bulgares. Reposant sur les couches abandonnées leurs muscles encore tremblants, les Saloniciens recherchèrent un nouveau sommeil, et chacun, suivant son émoi, dormit sans rêve ou lutta contre des cauchemars.

Beaucoup d'innocents tués, quelques demeures éventrées, furent le tableau de chasse que l'on connut au matin. Grecs, Juifs ou Levantins qui ne souhaitaient point la guerre avaient perdu les membres ou la vie sous les bombes d'Essen. Mais la diabolique habileté du capitaine allemand avait manqué de bien peu le Quartier Général. Un soupçon de brise, un retard dans le déclic, un rien, avaient fait choir ses plus formidables obus de l'autre côté de la rue, en face de l'État-Major, sur de vastes hangars où s'abritaient le blé, le sucre et la subsistance de la ville. Les murailles s'en effritaient, la toiture avait disparu, et un volcan de fumée à base rouge portait jusqu'au ciel pur, où elle nourrissait un grand nuage, les précieuses nourritures qui brûlaient. Cette fumée dura trois jours.

Dans un mutisme rageur, la foule approchait, contemplait, se renouvelait. Les journaux du matin annonçaient déjà les victimes, les ravages, et chacun savait que la destruction n'avait pas atteint son but. Près de moi, un officier supérieur grec observait les sapeurs français ou anglais piochant dans les décombres. Il s'efforçait de ne rien trahir; mais enfin l'explosion de colère, préparée dans son cerveau, tomba sur moi. Oubliant sa réserve et sa neutralité, il me dit, à voix sourde :

— Mais enfin, monsieur, quand vos avions vont en Bulgarie, ils tuent des Grecs ; quand les Allemands viennent ici, ils tuent des Grecs... A quoi cela nous sert-il de n'être pas en guerre ?

Je n'avais rien à répondre, haussai les épaules d'un air vague et m'en fus de l'autre côté de la rue, au Quartier Général. Tout y marquait le calme actif. Les plantons circulaient, les automobiles arrivaient et démarraient, et, parmi les dédales des corridors, je repris mon calvaire quotidien. Je luttai pour de la tôle, plaidai pour obtenir des vitres et arracher du ciment. Insoucieux de l'incendie proche, les capitaines Durand raffinaient de parcimonie.

Aussitôt déblayées les besognes préparatoires, j'ai repris l'air. Avant la guerre, mes derniers vols m'avaient conduit au-dessus de la Flandre ; je ne pensais pas retrouver dans la patrie d'Icare l'ineffable sensation.

Hier, j'ai revêtu le passe-montagne de laine chaude, les lunettes de mica, la veste feutrée à forte ceinture, et les bottes de caoutchouc.

Tout de suite, j'ai retrouvé l'aise du harnachement et les gestes préliminaires. On ajuste les
lunettes pour qu'elles ne blessent pas les sourcils, on enclôt dans la calotte bourrue les cheveux et les oreilles, l'on fait mouvóir tous les
muscles afin de sentir les épaules, les hanches,
les genoux parfaitement libres. C'est le plaisir
corporel qui précède le plaisir atmosphérique.

Pendant qu'un mécanicien donne au moteur
quelques tours de vérification, les doigts s'assurent du réglage des haubans qui vibrent à la
pincée ; d'une chiquenaude, l'ongle éprouve
les toiles sonores comme un tambourin ; les
gouvernails, les ailerons manœuvrent sans
bruit dans leurs ferrures huilées ; chaque
pompe fonctionne, le circuit électrique est au
point, et le mécanisme des bombes réagit sans
secousse. Pilote et observateur s'insèrent dans
leurs alvéoles, s'y carrent, et, de la main,
lancent un au revoir rapide à ceux qui restent
sur la rive.

Trente secondes plus tard, la mer vertigineuse s'enfuit comme un éclair. On pourrait
la couper du doigt. Elle siffle avec un bruit

joyeux, multiple, et bombarde le visage de pulvérisations saines. Les reins plaqués au dossier de bois, l'on voit survenir cette immensité qui s'engouffre on ne sait où, sur les côtés, par derrière, et semble inépuisable. Déjà l'appareil fait d'imperceptibles soubresauts, tel un félin qui frémit de l'échine avant l'élan ; son corps ne baigne plus dans l'eau ; il la rase, il la frôle, retombe à peine et saute ; le dur éclaboussement de l'onde couvre le tonnerre du moteur ; encore un effort, encore un coup de bélier sur les crêtes du clapotis, et voici la mer qui s'effondre.

Elle descend comme une plaque d'acier, de bronze ou d'or, suivant les jeux de lumière. Ce que l'on en aperçoit envahit le regard, déborde les yeux, devient infini ; nulle autre sensation n'avertit que l'on monte très vite et très haut. De l'extrême lointain accourent des montagnes, des caps et des rivages ; ils semblent très pressés de se faire voir ; ils se tassent, se rangent et deviennent tout petits, afin de permettre à d'autres sommets, à des îlots perdus au bout de l'espace, de rentrer dans le champ du berger des airs... Puis, quand l'appareil atteint l'altitude choisie pour la route, l'on cesse de monter; le paysage se fixe comme ceux des rêves, et commence à se mouvoir silencieusement, ainsi que depuis l'origine des âges l'ont contemplé les aigles et les albatros.

Au niveau terrestre, la baie de Salonique emplit tout l'horizon, mais elle n'occupe pas plus de place au-dessous des yeux qu'un nuage dans le ciel. Les paquebots, les cuirassés ressemblent à des fuseaux qui fument; les voiliers se posent sur l'eau comme des déchirures de papier blanc, et le sillage des navires l'égratigne d'un trait d'épingle.

A droite, le delta du Vardar expose ses boues miroitantes; des chenaux, des bras et des biefs entrelacés y font des traces noires, aussi incertaines que celles d'une araignée aux pattes chargées d'encre. A gauche, des champs, des arbres posés comme des pompons, des cubes de maisons, des points d'hommes et de chevaux s'étagent jusqu'aux montagnes de Bulgarie. Par devant, l'aéroplane glisse en trombe vers une avenue triomphale.

C'est un miroir oblong serti dans les montagnes. C'est le golfe de Salonique. Il s'épa-

nouit comme une vasque de clarté. L'Olympe,
l'Ossa et le Pélion se réfléchissent dans ses
eaux admirables. Levant la tête, je vois presque
à la hauteur de mes yeux la cime sacrée où
habitèrent les immortels ; les baissant, j'aperçois son arête renversée et plantée aux entrailles du monde. Là-bas vers l'est, s'allongent
les trois doigts écrasés de la presqu'île de Chalcidique, et sur la phalange extrême, diamant
effleuré par le soleil, le mont Athos forme une
bague imperceptible.

Mais je ne me suis point rapproché du ciel
pour en éprouver les poésies. La guerre, aux
desseins plus âpres, renvoie mes regards sur
le golfe. Tout à l'heure, aux moments fixés,
les navires porteurs de Français ou d'Anglais
vont franchir le barrage des filets qui protègent
la rade, et affronter la haute mer ; l'hydravion
fait sa patrouille, afin de scruter l'onde où
peuvent attendre des sous-marins. S'il n'aperçoit aucune ombre suspecte ensevelie dans
l'eau, les carènes précieuses emporteront sans
crainte leurs trésors humains. Des yeux infirmes
du pilote et de l'observateur dépend peut-être
la vie d'un régiment.

La tête hors de la coque, giflée, jetée en arrière par le terrible vent de cent dix kilomètres à l'heure, jumelles rivées aux sourcils de toute la force des bras, j'examine verticalement cette mer que pendant si longtemps j'ai scrutée de la passerelle d'un navire. Elle livre tous ses secrets. De cette altitude, ses rides et ses remous sont, pour ainsi dire, passés au polissoir, et ses couleurs ressemblent à celles des atlas de géographie. Pâles au contact des côtes, verdissant à mesure qu'on s'en éloigne, les teintes sont séparées par des lignes irréelles qui arrondissent les golfes et les caps, pour arriver à l'azur brutal des grandes profondeurs. Sur l'épiderme de cette eau l'on aperçoit mille humeurs différentes et contrariées : une plaque de soleil, des caresses de zéphyr, le trouble de quelque remous, plusieurs ombres de nuages, le calme des hauts-fonds et l'infinie variété de l'élément qui ignore le repos. L'on dirait un visage mystique dont le sourire ne serait pas le même sur les lèvres et dans les yeux, et qui changerait sans cesse de sourire.

Mais cela n'est rien. D'autres peuvent connaître ce visage. Les bâtiments de surveillance, les torpilleurs, tous les marins s'épuisent nuit et jour à en déceler les menaces. Je l'ai fait sur mon croiseur, et désormais mon rôle, celui des pilotes et observateurs aériens, consiste à arracher les secrets des profondeurs. Dernier-né du génie des hommes, l'hydravion porte dans la nue l'œil du lynx qui rampait à terre.

Comme des artères ou des veines, cet œil voit serpenter dans le corps océanique les filets d'eau plus tiède ou plus froide, les traînées de vase, les floraisons d'herbe et les compagnies de poissons erratiques ; comme des taches sur le plancher des flots, il distingue les semis de roches, les déserts sablonneux et les flexibles enroulements d'algues. Toutes ces choses noyées offrent des images adoucies et des lignes un peu molles, ainsi qu'en ont les paysages et les plantes immergés dans quelque brouillard. Mais leur mouvement ou leur immobilité sont remplis d'innocence, et elles ne se doutent même pas que des prunelles d'hommes violent leurs refuges immémoriaux.

Si l'aviateur maritime aperçoit, tel un démon sombre, le contour rigide de quelque sous-marin caché aux navigateurs, l'ennemi cheminant au-dessous de la surface n'échappera point au sort qu'il redoute. Les veilleurs d'en haut fondent sur celui qui se cache pour chercher victime ; ils approchent l'eau presque à la toucher, et, pendant leur course à l'aplomb du sous-marin, lâchent leurs bombes, qui éclatent au sein de la mer. Si le coup est heureux, tôles et ferrures sont déchirées. Tué, blessé ou manqué, l'ennemi s'enfonce pour chercher son linceul ou son salut. Relancé en grand vol, l'hydravion s'en va prévenir tous les navigateurs que la mort est aux aguets.

Tâche suprême !... Anges gardiens des bateaux qui approchent et quittent les rades, les aviateurs maritimes ignorent le fracas glorieux des aviateurs terrestres ; ceux-ci règlent les tirs des canons, survolent les camps, bombardent les gares, et, dans les vertigineux combats du firmament, affolés de vitesse, l'esprit plus prompt que leurs engins, crachent sur l'Albatros ou le Fokker qui fuit la rafale haletante des mitrailleuses.

. . . .

les hydroplanes français, patients et lourds,
exécutent dans l'atmosphère leurs rondes in-
terminables. De même que les navires de
guerre cheminant sur l'eau, ils sillonnent l'air
sans espérer rien voir. Ils n'ont point de but
précis et ne vont nulle part. Avant d'appa-
reiller, ils ne désignent pas sur la carte l'endroit qu'il faut chercher ou frapper, et leur
départ n'escompte point d'épisode retentis-
sant; en cours de route, une attente joyeuse
ne raccourcit point les heures, mais ils se balancent sur les ornières et les escaliers atmosphériques, de droite et de gauche, sans devi-
ner l'instant prochain où il faudra mieux voir,
et agir. L'éblouissement de la mer endolorit
leurs paupières, et ils sont si loin de tout que
leur chute dans l'eau serait muette et défini-
tive, sans qu'aucun regard la soupçonne, sans
que de pieuses mains ensevelissent leurs
membres brisés.

Qu'arrive, à portée du regard, un Zeppelin
ou une escadrille d'avions germaniques, les
aviateurs maritimes verront partir avec envie la
bande des hirondelles militaires, les Voisin, les
Nieuport, les Caudron et tant d'autres, qui vont

porter leur sveltesse dans la chasse enivrante. Au retour, crispés, ils écouteront les récits de l'air immense où se jouent les tournois sans témoins, et ils recommenceront, persévérants, les circuits éternels au-dessus de l'onde vide... En l'air, sur l'eau ou dans son sein, les marins ont besoin de grandes patiences.

Quatre-vingt-dix minutes sont écoulées. Le golfe est libre, les bateaux peuvent franchir le barrage, et commencer leur pérégrination vers Alexandrie, Marseille ou l'Angleterre... Notre fonction de ce soir est finie. Un dernier coup d'œil à l'Olympe qui se dore, au mont Athos qui s'encapuchonne... et en route vers le bercail. Il n'est plus indispensable que je laisse tomber mes regards comme des pierres sur l'eau. Bien rencoigné dans le fauteuil de bois, les pieds en avant, la tête libre et les yeux au ras de la coque, je regarde approcher la splendeur de Salonique. C'est le crépuscule. Les rayons du soleil se faufilent par-dessous les ailes, et s'appuient là-bas sur la ville encore indistincte au flanc de sa colline. J'essaie d'oublier le ronflement du moteur et la furieuse caresse de l'air. Voici des prodiges.

Il y a peu d'instants, une averse favorable, purifiant l'étendue, y a laissé juste assez de vapeurs pour lui donner du velours sans lui ravir sa transparence; la lumière, soucieuse de se faire belle avant de s'endormir, peut prendre sur les palettes aériennes tout ce qui lui plaît de doux et de rare. Les montagnes qui courent vers moi n'ont plus l'air d'être matérielles; c'est du violet qu'un génie vient de mettre là pour en faire jaillir les étoiles prochaines. Le ciel joue avec lui-même; les pourpres et les ors s'y balancent depuis l'infini jusqu'à portée de ma main; je pourrais les saisir, mais ils fuient je ne sais où, et des roses défaillants s'amusent à les remplacer. La mer, trame immobile, recueille ces fluidités qui cherchent un corps; sa noble matière les compose, les marie, et la rade miraculeusement nuancée montre l'éclat d'une soie vivante.

Tour à tour, les navires du port sortent des limbes. Leurs aciers me font signe par des scintillements; leurs voiles me saluent d'un bonsoir incliné. Ils sont si loin, je suis si haut, que je ne distingue pas autour d'eux leur soutien liquide, et ils flottent sur du néant. Mais il semble que ma course leur rende leur support ; ils s'y installent, et ne voilà-t-il pas que toutes leurs étraves, pointées vers moi par le vent, ébauchent je ne sais quelle marche d'ensemble pour venir à ma rencontre... On croirait voir les mouvements lointains de masses de cavalerie qui préparent une charge. Cela semble hésiter et non point approcher. Jusqu'à très petite distance, rien ne grandit, et tout à coup passe la trombe. Ainsi font les bateaux immobiles. Attirés par notre vol, ils se dégagent de leurs liens d'eau, et se précipitent sous notre passage.

Derrière eux, rideau de demeures, de verdure et de toits, Salonique émerge et s'épanouit. Elle a de bien jolies couleurs dans la fatigue du crépuscule, et penche vers nous les aiguilles de ses minarets, pâles comme des doigts qui appellent. Les rayons du soleil déclinant touchent la surface des vitres, s'y réfléchissent, et nous reviennent en éblouissements d'or. Chaque reflet sort des façades, miroitant et bien dardé ; leur faisceau ressemble à celui qu'un acteur, sur le théâtre, voit sortir de la multitude des prunelles anonymes. Le soleil n'est pas tout à fait derrière nous, et, de seconde en seconde, un réseau de vitres d'or s'éteint selon notre vol oblique. Mais, sans attendre, un réseau voisin s'allume, par un déclic qui ouvre cent autres paupières de maisons, et la ville tout entière tourne la tête à petits coups afin que nous ne perdions point ses regards qui nous suivent avant de s'éteindre.

Alors, dans le voyage de l'aviateur proche du gîte, survient la volupté pure. Il faut toucher terre. D'un coup de pouce, le moteur s'arrête; l'appareil pointe en bas son poitrail obéissant, et les délices de la descente planée anéantissent l'univers. Toute vibration est morte. On n'entend plus un bruit. L'homme est porté vers la terre par un oiseau tout-puissant. Caressées par un doux murmure, les ailes se reposent sur l'élément qui se dérobe avec paresse, et maintient cependant l'avion dans d'invisibles lisières. Le sol et l'onde se rapprochent, les maisons grandissent, la vie terrestre précise ses dessins et ses taches. Les senteurs émanées de la ville, de la campagne et des flots se confondent en un arome ténu, dilué dans le parfum subtil des airs, et mes lèvres entr'ouvertes aspirent des sorbets de lumière odorante.

Bientôt commencent les spirales dont la dernière effleurera l'eau. Accoté sur des appuis immatériels, l'avion penche et s'enroule autour d'un axe inaccessible. Ce mouvement est si doux, et d'une aisance si parfaite, que l'homme entraîné dans sa béatitude incline l'épaule, s'abandonne, et voudrait fermer les yeux. Chaque spire déclinante fait pivoter le soleil et tout le crépuscule. L'enveloppement pourpre et cuivré baigne le front, la joue, la nuque, l'autre joue, et recommence. De chute en chute rien n'est semblable à l'instant qui précède, et, dans cette atmosphère irradiée, les grandes voiles et la carène de l'avion creusent des traînées d'ombre, prolongement obscur du soleil. Sur les toiles et sur le bois, la lumière s'arrête et luit; mais, au delà des arêtes, elle lance ses faisceaux colorés, en sorte que l'homme et son merveilleux véhicule, arrivés du firmament où tout est splendeur, se laissent choir vers la mer sur une litière de rayons.

Mais la nature jalouse refuse la durée aux

sensations trop exquises, et notre génie ne sait pas encore nous faire monter assez haut pour que celles-ci dépassent quelques instants. Cauteleuse, prête à engloutir celui qui l'aborderait autrement que dans une caresse, l'onde soulève vers l'avion sa poitrine résistante. Les manœuvres d'amerrissage commencent, et les yeux du pilote mesurent la distance de cette surface sans contour; ses mains inclinent les manettes et les leviers avec des délicatesses féminines...

Avant de se risquer aux voyages, les oiseaux reçoivent de leurs parents la mystérieuse leçon qu'ont élaborée depuis la genèse les pédagogues aériens, et ils possèdent aux approches du sol des perceptions que nous n'avons pas... Hôte récent de l'atmosphère, l'homme ne retourne point sur terre avec cette aisance mécanique qui lui permet de saisir une fleur ou de franchir un fossé sans qu'il soupçonne son travail. Par la vitesse, il a voulu supprimer la distance; par l'aéroplane, il a voulu vaincre l'altitude : il subit la rançon de ces triomphes divins. Une angoisse frissonnante précède le contact où la mort punit quiconque fait défaut. Qu'il glisse sur l'aile, pique en avant ou tombe comme une masse, l'aviateur paiera sur-le-champ les voluptés que les forces créatrices ne lui avaient pas destinées. Parce qu'il est homme, et roi des choses terrestres, il ose cependant, contraint ses yeux et ses doigts à des précisions suprêmes, et amerrit.

Comme une main frôle la table afin d'y capter un insecte, ainsi fait l'hydravion qui reprend le contact humide. Son élan le fait rebondir un peu, et il semble qu'il voudrait repartir en vol. Mais l'heure du bercail est venue. Le grand oiseau retombe, se carre dans l'élément qui résiste, et le moteur remis en marche le conduit vers la rive. L'appareil s'ébroue, oscille à droite et à gauche, et fait en se jouant deux grands sillages d'écume. Les gouvernails bien manœuvrés le dirigent aux planches hospitalières. Le hangar vert grandit son ouverture béante et sombre dans la nuit qui vient, et attend le bon ouvrier des airs, fatigué de sa besogne.

Quelques instants plus tard, le poitrail de l'avion heurte doucement la plage. Les matelots de l'escadrille saisissent ses ailes, les attirent, préparent le chariot, et hissent l'appareil inerte vers son repos nocturne. Les deux aviateurs qui viennent du ciel sautent à terre. Leurs vêtements semblent lourds et leurs pas manquent de souplesse. Encore hypnotisés par les nuances et les harmonies aériennes, ils contemplent sans plaisir les couleurs neutres des choses terrestres, et perçoivent indistinctement les discours de leurs amis... De même, sortant d'un théâtre où la féerie des sons et des chants leur donna quelques heures d'extase, les spectateurs retombent dans le médiocre sur un trottoir souillé de pluie.

L'ARMÉE D'ORIENT

Salonique. — Février-mars 1916.

Ainsi devaient être les campements des grands envahisseurs : Attila, Gengis-Khan ou Alexandre. Jusqu'aux frontières du monde accessible, ces capitaines puisaient à pleines mains les troupes nécessaires à la rafle des continents. Ils intégraient dans leurs cohues quiconque savait frapper : noir, blanc ou jaune ; ils vidaient des provinces entières, et se servaient pour leurs desseins de toutes les armes que peut fournir le métal, la pierre ou le bois.

Quand ces fléaux des peuples s'arrêtaient à une étape, la terre disparaissait sous le réseau des tentes et des chars posés sur l'étendue d'une plaine entière. C'était la Babel mouvante des conquêtes ; il n'y avait là de langage commun que celui du meurtre et de la rapine. D'un faubourg à l'autre, les archers ne comprenaient pas les frondeurs, et les fantassins insultaient les cavaliers en langues inconnues. La pensée d'un seul chef animait ces myriades vers le but incertain de leurs pérégrinations, et la trace qu'ont laissée dans l'histoire ces ramassis de guerriers sert de chemin triomphal au héros qui les guida.

Le monde moderne ne pensait plus voir de telles assemblées. Les légions de Rome ne réunissaient que quelques races méditerranéennes ; les croisades elles-mêmes, dernier grand remous des tourmentes antérieures, n'intéressaient qu'un petit canton des mondes habités. Historiens et philosophes étudiaient ces bouleversements de même que les géologues expliquent les âges indistincts de la terre en formation. Cependant, il était réservé à la convulsion du vingtième siècle de pétrir de nouvelles nations militaires avec tous les êtres qui vivent sur la courbe du monde. Ceux qui ont visité les champs de bataille de France ou de Russie peuvent concevoir ces amalgames surprenants, mais il appartient à l'armée de Salonique de montrer à l'univers la perfection de l'unité dans le mélange. On ne sait comment en affronter le tableau.

Autour de Salonique, jusqu'à trente et quarante kilomètres vers l'intérieur, les plaines, les ravins et les collines sont franchis par des routes qui n'existaient point l'an dernier; ces routes prolongent les voies ferrées et les chemins maritimes issus de Paris ou de Londres, de Québec ou de Calcutta, qui portent aux confins de la Macédoine les pionniers de notre cause. Partis des antipodes, les soldats ont fait autant de lieues pour venir s'arrêter devant les monts serbes ou bulgares, où leurs bras creusent des tranchées et leur désir attend l'ordre de marche.

Lorsqu'on va visiter, au fond de quelque vallée macédonienne, ces hommes bronzés par le soleil de l'Inde, recuits par les neiges du Canada, durcis par les grandes chevauchées d'Australie, ou simplement pourvus de ce courage souriant que mûrit la terre de France, l'on rencontre sur les routes et le long des sentiers agrestes des figurants de la Grèce antique. Un pasteur, jambes nues et vêtu de peaux, chasse à grands cris des bœufs et des pourceaux noirs empêtrés dans un convoi d'automobiles montantes et une batterie de canons descendants ; des camions craquant sous une pyramide de confitures ou de biscuits dérangent trois popes vêtus de noir, qui égrènent un chapelet pacifique au milieu de ce charroi dont ils n'ont cure ; des auto-mitrailleuses, cahotées, bondissantes, dispersent un essaim de paysannes aux vêtements vifs, qui portent en équilibre, dans des couffins ou des jarres immobiles sur leur chevelure, des graines et des aliments rustiques ; le train d'une brigade, l'approvisionnement d'une division s'arrêtent en rase campagne, et les véhicules s'écrasent l'un sur l'autre comme les anneaux d'un immense boa heurtant un roc... parce qu'un mendiant rachitique, couleur de terre et chassieux, sifflotant une mélopée qui date de l'Hégire, poursuit, le nez en l'air, un rêve que n'émeuvent ni la rafale des trompes d'automobiles, ni la clameur des jurons de mécaniciens, ni la pétarade des moteurs haletant de repartir.

Chaque jour et chaque heure renouvellent la scène de ce drame à deux intrigues. La riche terre de Macédoine, convoitise de tous les peuples qui se heurtent aux confins d'Europe et d'Asie, ravagée et ruinée par son passé de servitude, ne s'étonne plus d'aucun hôte passager. Qu'il porte le casque ou le turban, la casquette ou la bourguignotte, le fez ou le béret, qu'il parle les idiomes du Soudan ou de l'Himalaya, il ne surprend point ces populations neutres et indifférentes comme les galets arrondis par mille tempêtes, et auxquelles un grand philosophe, Mahomet, a enseigné le fatalisme, religion du mépris.

Lorsqu'en France un paysan d'Artois ou de Champagne contemple au pied de son église, fleur du terroir national, tel campement d'Annamites ou d'Indous, il soupçonne qu'une page nouvelle est en train de se graver sur les -annales de la terre. Jadis, ses aïeux du moyen âge ont peut-être accompagné les grands navigateurs qui s'en allaient découvrir le monde; aujourd'hui, le monde tout entier, à l'appel des vieilles nations exploratrices, vient offrir aux yeux du paysan la foire militaire; le paysan s'amuse, et sa finesse se divertit aux mœurs étranges, aux visages surprenants des hôtes de son village. Ses enfants jouent avec ces guerriers qui portent dans leurs regards les ciels à jamais défendus, et ils savent qu'il faut vite profiter de ces poupées vivantes, parce qu'elles sont rares et temporaires.

Les enfants de Macédoine n'ont point de ces prunelles émerveillées et naïves. Demi-nus, ils se faufilent dans les baraquements, mais plutôt en solliciteurs qu'en messagers de gaieté. Leurs mines attentives et leurs paupières fureteuses cherchent des butins et non de grands camarades; leur cerveau menu porte déjà les stigmates d'une apathie séculaire. Chaque chose devrait leur être merveille : rangées d'obus et de grenades, arsenaux d'artillerie et ateliers de terrassement, monticules de boîtes, de barils et de caisses, et ce formidable amoncellement de tout ce qui sert à nourrir et à tuer. Mais ils passent, ennuyés et boudeurs, car rien n'est à prendre. Leurs yeux contemplent un bazar plus splendide que ceux des Mille et une Nuits, le bazar qu'à coups de millions l'Entente a réuni des

confins du globe... et une insondable somnolence les détourne d'en comprendre l'unique
grandeur. Ces enfants ont des pères; eux-
mêmes deviendront les adultes de l'Orient. Y
aura-t-il jamais rien de commun entre nous
et des races semblables? Pour leur libération,
nous gaspillons de l'or et du sang. Elles nous
rendent convoitise et dédain, et le seul désir
profond de leur âme atrophiée n'est peut-être
que l'anéantissement de tous ces perturba-
teurs de leur inertie.

J'ai pris l'habitude de visiter, souvent, d'anciens amis et de nouveaux camarades qui res-
pirent l'atmosphère humide des tranchées et
piétinent cette boue qu'ils ne sont pas près de
laisser derrière eux. A la fin de la besogne du
jour, j'entame les pérégrinations qui me conduisent au repas de ces rudes ermites; certains soirs, je m'échoue dans un retranche-
ment ou une casemate cimentée; le lendemain,
je passe quelques heures dans un campement
de soldats d'Australie ou de tirailleurs afri-
cains; le plus souvent possible, je m'assieds
parmi les aviateurs des nombreuses escadrilles
terrestres qui reçoivent avec un peu plus d'en-

thousiasme leur frère de la marine. Peu importent le chemin et le but. Partout je retrouve avec émotion les visages français ou anglais, les conversations franches et les mains fortes.

C'est un lieu commun de dire que le métier des armes noue des liens que l'on ignore dans la vie pacifique. Prompts et tenaces entre soldats qui se rencontrent aux frontières de leur patrie, ces liens acquièrent une vigueur plus immédiate dans les hasards d'une campagne lointaine.

Rien n'y peut distraire le voisin de son voisin... Sur les lignes de France, la canonnade et le feu n'empêchent point de songer à la famille toute proche; les lettres du courrier journalier tirent l'esprit vers des pensées qui ne sont point de combat; l'on s'abandonne à des jalousies, à des intrigues qui font du camarade de tranchée un rival ou un ennemi. Pour tout dire, on tient au sol natal par toutes les racines : les belles et les mauvaises.

Ici, rien de semblable. La patrie est hors de portée, les nouvelles sont rares et périmées, l'existence ne tire ses bonheurs que de l'agrément des camarades. Hors la tente ou la tranchée, le soldat ne trouve nulle distraction, si futile soit-elle ; le pays est affreux, ses habitants inhospitaliers, et chacun doit puiser dans son propre fonds la patience nécessaire à ce pénible relais. Les Français n'y manquent pas, et je doute qu'aucun champ de bataille entende des rires plus francs que ceux du camp retranché de Salonique.

En quelques heures, le soldat qui débarque, étourdi de sa longue traversée, fait partie de la famille des anciens qui le reçoivent. Il apprend très vite les menues histoires de son unité, de sa petite patrie de guerre ; au premier repas, tous lui racontent sans forfanterie les choses qu'ils ont faites, et lui-même vide son bagage. Et puis on l'attend à l'œuvre, parce que ces gens, qui ne s'étonnent plus de rien, jugent un homme sur ce qu'il fait et non sur ce qu'il dit.

Rapidement, le dosage des valeurs s'établit. Ces soldats exilés deviennent tout d'une pièce, chacun ne conserve de pensées que ce qu'il en faut pour sa besogne. Ils ont abandonné sur la terre de France tout l'accessoire inutile, les raisonnements et les arguties, et gardent le strict nécessaire à la victoire. Beaucoup semblent égarés dans cette péripétie et ce pays perdu pour lesquels ils n'étaient point prêts, car l'aventure de l'Armée d'Orient aura tiré de France bien des hommes destinés à y vivre jusqu'à leur mort. A nos yeux de marins vagabonds, ils sont comme des enfants qui découvrent des choses simples et en demeurent abasourdis. La plupart d'entre eux proviennent de villes ou de campagnes éloignées de la grande mer ; les leçons de l'école et les journaux de province leur avaient appris que l'univers ne pivote point autour de leurs usines et de leurs champs ; mais ces réalités leur semblaient irréelles, et, quand ils lisaient des noms de pays inconnus, c'était presque un conte bleu qui ne laisse aucune trace dans le souvenir.

Les voilà plantés dans cette légende orientale qu'ils croyaient inaccessible. Macédoine, Bulgarie et Salonique sont devenus des mots vivants, et il s'agit de s'acclimater à ce pays de misère… N'ayons point d'inquiétude. Nulle fatigue, nulle déception ne peut amoindrir cette constance enjouée qui désigne entre tous les enfants de notre patrie.

L'autre jour, vers midi et demi, après une odyssée interminable où j'avais cru m'enliser dans des fondrières et des vases, j'aboutis au campement perdu où l'on m'invitait à voir des tranchées du dernier modèle. Les officiers n'étaient point là ; je ne sais quel service inopiné les avait retenus à l'état-major de leur brigade. Les attendant, je me pris à visiter les abris des soldats, qui avaient déjeuné, et dormaient dans les coins les plus secs qu'ils avaient pu découvrir.

Je ne me risquerai point à décrire cette existence presque souterraine, qu'ont fait connaître tant de récits de campagne. De Salonique au front de France, il n'y a que le degré d'un pays inculte à une campagne qui sourit. L'argile y est plus lourde, l'eau semble y mouiller davantage, et pas un oiseau, pas une verdure ne reposent les regards usés par l'attente.

Dans cette tranchée-là, un soldat ne dormait point. Il était quadragénaire. Quelques cheveux blancs frisaient à ses tempes, et il n'avait pas encore perdu l'embonpoint d'avant-guerre. Je le trouvai assis au milieu d'une sorte de jardin qui n'était pas plus vaste qu'un compartiment de wagon. Comment avait-il trouvé moyen de défricher, de bêcher et d'aplanir ce lambeau de territoire au bout d'une tranchée? Un canal minuscule en évacuait l'eau de pluie vers un bas-fond voisin, et mon brave réserviste étalait sur les mottes de terre ces petites enveloppes coloriées qui contiennent des graines et des semences. Je lus sur les enveloppes le nom d'un horticulteur célèbre. Surpris, je questionnai cet homme. Après quelques réticences, l'accord s'établit entre le soldat et l'officier :

— Voilà, mon capitaine, puisque cela vous intéresse. J'ai femme et enfants, et suis clerc de notaire en Limousin. Je n'étais jamais sorti du département et ne croyais jamais voir la mer. Au pays, on n'aime point trop les voyages. Sur le journal, je lisais surtout la récolte et les foires. Le Japon, la Serbie, Madagascar et la diplomatie, c'était de l'hébreu pour moi. Je cultivais mon petit jardin, et, une fois par semaine, le jour de marché au village, je couvrais quelques feuilles de papier timbré pour des ventes de foin ou de troupeaux.

« Je me souviens du 14 juillet 1914. Au village, on ne fait pas de grandes cérémonies pour la fête nationale. Avec quelques camarades, je jouais aux boules le long de la voie ferrée, et je vous jure que personne ne pensait, moi surtout, que trois semaines plus tard on porterait le sac et le fusil.

« Eh bien ! c'est arrivé. Comme les autres, je suis parti. Dire que ça n'a pas été un peu dur.... non ! Mais enfin, on ne pouvait pas se laisser faire par les Allemands, et je comptais bien aller à la frontière pour casser quelques figures de Boches.. Pas du tout, on m'a envoyé faire la relève au Maroc.

« Vous qui voyagez, mon capitaine, vous ne pouvez pas comprendre. Quand ma femme et mes enfants et tous ceux du pays ont su que j'allais au Maroc, autant dire qu'ils ont pleuré comme si c'était en enfer. Et moi, je n'étais pas plus fier que cela. Quel voyage ! Et puis, ce que j'ai pu avoir chaud, et soif, dans ce diable de pays. Quand j'ai vu que j'allais avoir le cafard, je me suis fait envoyer au Maroc des graines de France, parce qu'avec des graines on ne s'ennuie jamais. Entre les coups de feu avec les burnous, j'ai dessiné un petit jardin. Pour du soleil, ce n'est pas ce qui manque là-bas, et mes fleurs commençaient à sortir. Des beautés, mon capitaine, et un parfum !

« Mais ne voilà-t-il pas qu'on a eu besoin de monde pour cette affaire des Dardanelles, et j'ai été pris. Cette fois, j'ai cru y rester. Des obus, des maladies, la faim et la soif, en veux-tu en voilà. Ce n'était pas facile d'installer un jardin à Moudros ni à Gallipoli, et j'ai gardé mes graines dans mon paquetage. Au pays, ils m'ont cru mort. Mais on se fait à tout, vous savez. J'ai dit à ma femme d'acheter un atlas, et les enfants savent où je suis.

« Après, on m'a envoyé ici pour reconquérir la Serbie et aller à Constantinople. On n'a pas l'air de partir demain. Heureusement, la pelle et la pioche, c'est mon affaire. Et puis la terre est bonne, et le lieutenant m'a encouragé à faire un jardin, parce qu'il dit qu'on est là pour longtemps. Si vous revenez dans quinze jours, je vous donnerai de belles violettes, mon capitaine. »

Il me décrivit avec complaisance les fleurs qu'il comptait semer dans chacun des petits rectangles, grand comme un mouchoir. L'amour profond de la terre effaçait toute hiérarchie, et il me demandait mon opinion sur le soleil, la pluie et le climat de Salonique. Je répondais de mon mieux, mais il en savait déjà plus long que moi...

Les officiers me dirent, quelques minutes plus tard, que ce brave clerc de notaire compte parmi leurs meilleurs soldats. Exact au service, dur au travail, calme au danger, il transporte avec lui, simplement, toutes les qualités de notre race. Semblable au moindre enfant de France, quand il ne trouve pas le moyen de montrer son courage sur le coin de terre où la patrie lui demande de mourir, il y plante de la beauté.

Je suis heureux de fréquenter des militaires. D'habitude, il y a de la distance, et parfois des préjugés, entre les armes terrestres et maritimes. Les soucis des soldats sont pour ainsi dire locaux, et l'on remarque chez eux

une extrême précision dans le détail jointe à
l'ignorance des ensembles… Nous, au contraire, qui voguons sur des usines flottantes le
long de tous les rivages du monde, nous connaissons la valeur du travail spécialisé, et nous
nous trouvons contraints d'effleurer les problèmes universels. Quelque chose manque cependant aux marins. Enfermés dans un logis
qui demeure toujours le même quels que soient
les circonstances et l'éloignement du pays, ils
risquent de prendre la tournure d'esprit du
dilettante.

Les soldats sont plus méticuleux. Ils effleu-
rent moins de choses, mais les voient bien et
les possèdent. Dédaigneux des desseins à trop
longue portée, leur esprit s'acharne à ceux du
moment, et le commerce de marins à soldats
est fructueux, qui mélange vers un but commun la lucidité et la solidité, vertus françaises.

Si je suis heureux de fréquenter ces hommes
courageux et probes, en qui toutes les qualités sont grandies par l'exil, je ne doute pas
qu'ils se réjouissent de coudoyer les marins de
France. Cavaliers, artilleurs ou fantassins sont

venus en Orient sur les navires conduits par nous, et connaissent désormais cette énervante veille des flots qui dissimulent le danger ; ils savent que parmi les ouvriers de notre victoire, nous ne pourrons jamais la toucher du doigt, puisqu'elle est réservée aux combattants terrestres. Aux marins qui sont résignés à n'apercevoir l'immense effort qu'à travers la distance et l'assourdissement des vagues, les soldats montrent la réalité des batailles : leurs chevrons, leurs blessures, leurs récits, nous disent mieux qu'aucun langage la légende de la partie mortelle où la France est engagée.

Parmi ces soldats qu'il est agréable de fréquenter, les aviateurs de l'Armée d'Orient prennent la première place. A eux seuls, au moment où j'écris, la nécessité des choses donne le plaisir de se battre. Plus tard, aux heures fixées par le destin et les gouvernements, chacun des autres soldats jouera de la baïonnette, du canon ou de la grenade : pour l'instant, l'envie et les regards de toute une armée se concentrent sur l'aviation.

Tout autour du camp retranché de Salonique, en des endroits heureusement choisis, les escadrilles ont élevé leurs hangars, leurs ateliers, et elles s'envolent de là pour les périlleuses expéditions de Bulgarie ou de Serbie. Sur aucun front de cette guerre démesurée, les tentatives de l'air n'exigent autant d'audace et d'endurance et de nerf. Les montagnes qu'il faut franchir sont hautes, abruptes, et balayées par de terribles bourrasques ; avant d'atteindre un but, la distance dépasse toutes celles qu'il faut parcourir en Russie ou en France ; la mésaventure d'une panne fait choir l'aviateur, ou bien chez des adversaires dont le moins qu'on puisse dire est qu'ils n'ont pas tout à fait abandonné la sauvagerie, ou bien chez des Grecs aux sympathies quelquefois hésitantes. A ces dangers aériens, qui ne connaissent d'alternative que la victoire ou le pire, les aviateurs d'Orient ont acquis des muscles, un cerveau sans défaillance, et une philosophie supérieure. Leur courage n'espère point ces compensations que les autres champs de bataille accordent aux glorieux écuyers de l'atmosphère. La ville où ils se reposent n'est pas un Londres, un Paris, ni quelqu'une de ces charmantes cités provinciales, oasis des tranchées. De temps en temps, ils abandonnent leurs réduits perdus au milieu des boues ou des marécages, et passent quelques heures à Salonique, où les récompenses de leurs risques sont bien maigres au prix des enivrements réservés à leurs frères métropolitains.

Bombardiers, observateurs ou chasseurs, je les ai rencontrés à tour de rôle pendant de brefs séjours communs à Salonique; la camaraderie d'armes nous a joints aussitôt, et tous m'ont invité pour la première heure disponible. On n'offre point un régal, mais la bonne humeur et le bon cœur.

A la fin de la matinée, après les rondes en avion sur la rade ou le golfe, quand les ordres sont donnés et que rien d'immédiat ne semble à craindre sur mer, il me suffit de demander au hasard le numéro téléphonique de n'importe quelle escadrille, et bientôt une voix lointaine, cordiale, me somme d'arriver sur-le-champ. Je promets, et devine qu'aussitôt, afin de faire honneur à l'hôte qui vient distraire la solitude, il y a grand remue-ménage dans la popote et aux cuisines perdues au milieu des marais.

Quand la route qui me conduit vers les hommes-oiseaux passe par Salonique, j'achète à tout hasard quelque victuaille arrivée par un bateau de France : pâté, conserve, fromage ou vin authentique. Ce n'est jamais de trop, car les estomacs d'aviateurs sont vastes et solides... De grandes précautions sont nécessaires, si l'on veut que cette provende arrive en bon état au bout du chemin cahoté ; aujourd'hui la boue, demain le verglas, après-demain la bourrasque, et toujours les ornières, font sauter dans la voiture les paquets ou les bouteilles ; parmi les hordes de chevaux et de mulets, les compagnies de camions ou d'automobiles, l'œil n'a guère de temps pour observer les étendues mornes de la Macédoine, parce que les mains et les coudes s'évertuent à retenir les provisions sursautantes.

Tous les camarades attendent à la limite du domaine de l'escadrille. Les fins avions grisâtres et cocardés forment le décor. Devant l'ouverture béante des hangars, six ou huit, ils sont en ligne bien droite, prêts à partir à la

minute. Aux jours de beau temps, les mécaniciens et spécialistes du groupe mangent au
grand air, et, pendant que les officiers me
conduisent vers la popote, se lèvent successivement, la joue gonflée de rata, pour saluer.
Ils montrent ce sourire entendu des gens qui
travaillent au même bâtiment, et, après notre
passage, s'entretiennent des avions marins,
lourds et majestueux, qu'ils aperçoivent par
moments dans les brumes de la rade.

Chaque escadrille possède son caractère et
son style. L'une, composée de bons garçons, a
pris son quartier général dans une cahute de
pasteurs aux murs crépis de chaux; le mobilier
y est de bois blanc, la terre battue, la vaisselle
sans prétention et la nourriture robuste... Établie sous la tente, celle-là prend un air de campement d'explorateurs; assiettes, gobelets et
couverts sont d'aluminium; les cantines et les
lits pliants contiennent sous un très petit vo-
lume une multitude d'ustensiles pratiques; la
pipe y est en honneur... Mais il est aussi des
raffinés de l'aviation qui n'en sont pas les
moins virils. Ces délicats ont aménagé de
grandes caisses d'avions en boudoirs que ne

désavouerait point une coquette; le capiton-
nage s'y marie aux fourrures; des dessins, des
gravures, signés par les aviateurs eux-mêmes,
et que l'on paierait leur poids d'or s'ils étaient
à vendre, font contraste avec des cuivres orientaux et des moquettes vives; nul tabac n'est
trop cher s'il émane un parfum rare, et les
vins les plus capiteux de France, je ne sais par
quelles intrigues, garnissent la cave de ces
luxueuses roulottes.

Telles maisons, tels hôtes. La conversation
demeure toujours française, encore que selon
l'atmosphère elle soit gauloise, voltairienne ou
dernier tango. Le fond de la chère est uniforme; du gros vin de l'intendance, le pain à
croûte molle et des viandes réfrigérées constituent la matière première. Mais nous ne serions
point le peuple au fin gosier, si le Vatel de
l'escadrille ne découvrait en son répertoire les
ressources d'un plat succulent. Ce chef-d'œuvre
ne manque jamais, et, plutôt que de ne point
l'arroser, l'on débouche le dernier flacon.

De quoi parle-t-on?... Grâce à Dieu, les
aviateurs de l'Armée d'Orient ne s'embarrassent
point du pourquoi ni du comment des inson-

dables problèmes de la guerre. Ils s'occupent de leur besogne, et ne cherchent qu'à la bien faire. Bombes, météorologie, projets d'expéditions, combats aériens, ravitaillement et distance franchissable, voilà leur affaire. Le renom de l'armée de Macédoine, encore inactive par nécessité, repose sur leurs prouesses, et ils ne veulent point faillir. Pendant que, jour par jour, arrivent et s'accumulent les forces nécessaires aux offensives futures, l'aviation seule est chargée de faire connaître aux ennemis le poids de notre résolution. Par l'attaque, ou par la riposte, elle n'y manque point.

L'aventure arrive sans crier gare. Presque tous les jours, que ce soit aux hors-d'œuvre ou au dessert, un coup de téléphone interrompt le bavardage de la tablée. Les avant-postes signalent une incursion aérienne des Allemands, et il faut apprendre à vivre à ces intrus. Séance tenante, les pilotes de qui c'est le tour de départ bondissent aux appareils, avec le sourire joyeux de la bataille prochaine, et ils achèvent pendant un démarrage à toute allure la bouchée qu'ils ont mordue entre deux boutades. Devant la porte, serviette aux doigts, les convives restants apprécient la manœuvre d'ascension, et puis, quand les nuages ou la distance ont avalé les chasseurs, reprennent le repas et la conversation interrompus. Quelque chose d'indéfinissable atténue les paroles et les regards. L'honneur de l'escadrille vient de partir dans les airs, et chacun attend sans oser le dire.

Ensuite, un cigare aux lèvres, les semelles dérapant dans la boue, des groupes circulent sur le terrain, pour faire accueil à ceux qui reviendront. Tous les aviateurs connaissent ce piétinement d'anxiété, où, quand l'absence se prolonge et que les minutes s'accrochent aux minutes sans que le bleu du ciel montre la tache amie, l'on parle de moins en moins et de plus en plus bas. Le grand fantôme plane toujours sur ces amants de l'audace. Les plus courageux se souviennent d'un départ récent qui n'eut point de retour, et songent à leur prochain départ. A toute distance, l'oreille devenue maladive entend des rafales et des bruits... explosions de shrapnells ou sifflements de mitrailleuses. Mais c'est un jeu de la brise... Le cœur se contracte lentement...

Tout à l'heure, l'ami, le camarade était là, vivait et riait... Ne le reverra-t-on plus?

Soudain, quelqu'un montre du doigt quelque région de l'atmosphère. Tous y regardent. Seules, les perceptions aiguës de l'attente peuvent distinguer dans le vide aérien cette poussière d'avion qui s'approche en grand vol. C'est bien lui. Bientôt, le vent transporte un frémissement, comme un écho de sauterelle... Un autre point noir, à côté, pique à son tour l'azur uniforme du ciel. Les deux chasseurs reviennent. Toutes les respirations s'élargissent, et la gaieté remonte des cœurs.

Il suffit de détourner les yeux un instant, d'échanger avec un voisin une phrase inutile, et les deux avions, invisibles l'instant d'auparavant, sont déjà rendus au-dessus du terrain. Toute inquiétude a disparu; les pilotes qui reviennent ne sont plus que des professionnels, jugés par leurs pairs, et la plus légère faute suggère des critiques précises. Les hommes qui sollicitent la gloire aérienne savent que leurs gestes seront épiés à la grande lumière. Aucune défaillance n'échappe à leur public. Ils acceptent cette rançon en même temps que l'ébriété de l'atmosphère, et, semblables à tous les acteurs, chacun d'eux adopte une attitude.

L'aviation nourrit des ténors, des barytons et des basses. Point n'est besoin de lire à la jumelle le numéro de l'appareil qui approche du bercail; à ses mouvements, à son style, les familiers de l'escadrille connaissent le nom du pilote.

Jockey de l'air, équilibriste des nuages, celui-ci ne manque jamais l'occasion de se constituer un public et de l'abasourdir. Lorsqu'il estime qu'à son gré le théâtre est trop vide, il décrit des orbes courtes et bruyantes, arrête, relance son moteur, appelle son auditoire. De même un lutteur forain frappe sur ses biceps avant de commencer. Aussitôt que le fracas a tiré des hangars et des tentes une belle chambrée de spectateurs, notre gymnaste exécute son numéro. Glissements sur l'aile, pertes de vitesse, frôlements d'arbres et de toits, trajets au ras du sol et rebondissements en cheminée, il épuise toutes les voltiges dont sont capables ses poignets et ses nerfs. Et puis il touche terre le plus loin possible, au bout du champ, afin de faire un long trajet bien tumultueux, fumeux et boueux, qui le conduit en grand tapage jusqu'aux pieds des spectateurs ravis. D'une enjambée théâtrale, il saute de l'appareil, dégage ses lunettes et son casque de même qu'un preux soulevait son heaume, tire ses gants avec nonchalance, doigt par doigt, et, surveillant du coin de l'œil l'effet de son discours, entame d'un ton modeste le récit d'aventures incomparables... Rien n'assure que les initiés l'admirent autant qu'il le pense, mais quel succès parmi les profanes !

D'autres n'ont qu'un souci : la perfection silencieuse. Sans annoncer leur venue, ils ébauchent leur descente à la seconde précise où elle devient nécessaire ; leurs mains caressent les volants, et leur modestie ne souhaite pas d'ébahir personne. A l'approche du sol, leurs doigts accomplis ne s'égarent en aucun mouvement qui dévie de la ligne correcte ; tendres à leur appareil, ils ne le brutalisent pas, et choisissent sûrement le point d'atterrissage qui lui évitera les cahots et les heurts d'un long parcours. Peu leur importe

qu'on les observe. L'avion touche le sol sans
une secousse, comme un oiseau soutenu par
ses ailes, et s'arrête aussitôt, muet. Le pilote
glisse hors de la coque, n'a que quelques pas
à faire pour rentrer sous sa tente où il se dévêt,
loin des regards, de tout l'attirail du vol. Aux
questions des camarades, il répond par « Rien
d'extraordinaire » et ne s'abandonne qu'avec
résistance... Celui-là, on fait cercle pour
l'écouter.

Puissent tous les néophytes de l'air s'inspirer de l'exemple et des leçons de ces vrais
maîtres ! Combien de morts inutiles ne doit-on
pas attribuer au mirage des acrobaties ! Certes,
il est tentant, il est flatteur d'attribuer à ses
nerfs le pouvoir de faire de la voltige, et beaucoup d'adolescents se jettent dans l'imitation
folle d'une gymnastique réservée aux élus. Au
lieu de poursuivre cette perfection minutieuse,
désespérante parfois, qui leur permettrait de
conserver à la patrie un combattant toujours
prêt aux œuvres utiles, ils se lancent dans les
arpèges sans connaître les gammes. Mais l'air
ne pardonne pas longtemps aux orgueilleux
qui le maltraitent. Autant il se coule avec une

douceur loyale sous les ailes du pilote avisé,
autant il attire l'imprudent, d'une manière
diabolique, vers le piège qui tue. Une fois,
deux fois, trois fois, il accorde au présomp-
tueux la fausse confiance et le succès trom-
peur, et puis un jour, dans une bouffée de
colère, las d'être fouetté comme un esclave, il
brise une commande, déchire un gouvernail,
arrête le cœur ou raidit un nerf, et c'est fini.

Quelquefois un pilote m'emmène pour une
ou deux heures au-dessus des terres. Ne faut-il
pas connaître l'arrière-pays de la rade et du
golfe dont les hydravions font la police? Sur
un Farman, un Voisin, ou tel autre appareil,
j'ai survolé les collines et les montagnes derrière lesquelles se cache l'ennemi. Combien
ces avions, qui ne sont pas obligés de flotter
sur l'eau, ni de porter sous leurs ailes une
carène résistante, semblent plus légers que
nos hydroplanes amphibies. Quand ils se
lancent pour quitter le sol, leurs bonds ressemblent à ceux d'un chevreau, rien ne les
arrête, et l'on n'éprouve point cette résistance
croissante de l'onde qui voudrait retenir l'oi-

seau. L'avion terrestre monte comme une plume, sans soubresauts ; quelques minutes lui suffisent pour trouver dans le ciel l'altitude que nous ne pouvons atteindre en une demi-heure. Ils vont très vite ; l'air entier les enveloppe comme un tissu sans consistance qui cède au moindre effort ; ils oscillent dans leur vol avec des mouvements légers ; l'on dirait que le bout de leurs ailes tâte l'atmosphère tout doucement afin de s'y appuyer, comme le balancier d'un équilibriste qui ne bouge presque pas sur sa corde. Ils bondissent sur les remous et les courants, et retrouvent leur assiette ainsi qu'un coryphée adroit retombe sans effort sur la pointe d'un orteil. On s'abandonne à leur jeu d'escarpolette avec la certitude que les cordes immatérielles auxquelles ils sont suspendus ne se briseront jamais.

Après les patrouilles au-dessus de l'eau plate, c'est une étrange sensation que de franchir des montagnes. Les cimes ne semblent pas très élevées ; leurs crevasses et leurs arêtes sont fondues dans un lavis ; la marche rapide de l'appareil fait glisser les pentes et l'on dirait des monceaux de sable au centre des-

quels une main invisible créerait des éboulis.
Les couches de neige, les coulées de glace
évoquent des filets de sucre sur des gâteaux
sombres; la verdure noirâtre des arbres ressemble à des algues sur un fond de cailloux.
Dans l'air fouetté par la pluie, et très pur,
monte l'odeur de la terre humide qui enivre
autant qu'un vin léger. Les nuages se précipitent, et rien ne donne plus la certitude d'une
vitesse extraordinaire que ces culbutes échevelées où l'on n'entend aucun bruit. Quand
on contemple du sol ces nuées tourmentées, il
semble qu'elles fabriquent de l'or, de la
pourpre, du cuivre et de l'argent, mais à deux
ou trois mille mètres l'aviateur assiste à je ne
sais quel écoulement de choses aveugles et
incolores qu'aucune parure ne vient orner.
L'homme est plongé dans l'atelier brut des
féeries atmosphériques; il les voit par derrière
et pour ainsi dire dans la coulisse. Il existe
deux mondes extérieurs : celui qui glisse en
bas, et celui qui demeure immobile dans le
bleu du ciel. Sur le visage coulent de minces
filets liquides. On croirait que ces nuages sont
méchants, car dans leur sein l'aéroplane tombe,

monte, glisse à droite ou à gauche suivant le souffle plus ou moins chaud ou froid qu'émanent ces monstres gris; nulle boussole, nul regard, nul raisonnement ne vous avertissent du chemin; on est perdu... et ce mot ne contenait pas tout son sens avant que les hommes ne l'aient appris dans les nuages.

Soudain, jaillissant des vapeurs, aussi droit qu'un rayon de lumière, l'avion se retrouve. Joyeux de se replonger dans l'air clair et sous le soleil qui brille sur ses toiles, il reprend sa marche rectiligne et semble courir sur un rail puissant et solide. Tout a changé autour de lui. Des montagnes nouvelles ont crevé la terre; un ruisseau a trouvé le temps de jaillir et des troupeaux remplacent les roches effritées. Vers la droite ou vers la gauche apparaissent des tranchées ou des fortifications qui ressemblent aux ornements carrés d'une poterie de Tanagra; des points minuscules s'y agitent, et de temps en temps un éclat de soleil reflété sur quelque métal nous prévient qu'à deux ou trois mille mètres au-dessous de nous des soldats travaillent comme des termites. En dehors de ces existences transplantées ici pour les besoins de la mort, rien ne paraît vivre sur l'étendue montueuse de la haute Macédoine; point de village, point de fumée, aucun de ces murmures confus qui montent des agglomérations humaines, mais le vide infini de cimes et de vallées qui convergent toutes vers la terre promise : la Serbie, et vers la terre détestée : la Germanie.

Sur les chemins du retour, on rencontre parfois des lacs, sertis sur le fond gris et jaune comme des nénuphars bleus; leurs formes sont capricieuses à la façon d'un joyau d'art; ils se nourrissent des reflets de l'atmosphère, dont chacun rend plus riche leur azur immobile. On les croirait sculptés au couteau et ils semblent tellement glacés qu'on prêterait volontiers l'oreille pour entendre l'écho de notre moteur sur leur miroir. Les voici déjà loin derrière nous; après avoir troublé le regard éternel qu'ils dirigent de la terre vers les cieux, nous les laissons à la contemplation des nuages. Salonique approche, grise encore, humectée par les brumes de la rade; les innombrables chemins construits par l'Armée d'Orient ressemblent aux tentacules d'une

pieuvre dirigés jusqu'au sein des montagnes ;
sur ces tentacules, comme un trait ponctué,
glissent des voitures et des hommes. Des bateaux paraissent sur la rade ; les minarets
sortent, tels un semis de crayons dont chaque
pointe décrirait un trait parallèle, et les presqu'îles, les montagnes de l'entrée du golfe
sont tellement loin qu'elles ressemblent à des
sculptures de glaces qui commenceraient à
fondre, dans un dégel.

Tout cela passe très vite, et déjà s'ébauche
la descente vers le terrain d'atterrissage.
Comme tout voyageur près d'arriver au port,
on éprouve une joie de repos ; l'appareil ralen-
tit, mais le grand vent qui soufflait aux oreilles
continue son murmure ; on a voyagé si haut
que la terre ne se rapproche pas jusqu'au
moment où tout d'un coup paraissent ses
moindres dessins. Il faut bien de l'expérience
pour ne pas se méprendre dans les apprécia-
tions d'altitude qui ont provoqué tant de catastrophes. L'arête des ailes semble raboter tout
ce qui déborde, arbustes, toitures, télégra-
phes ; encore quelques mètres de chute et
le cercle des roues frôle la terre comme un

oiseau sautille avant l'arrêt; l'appareil **fait**
deux ou trois bonds qui se transmettent avec
un bruit sourd dans toute son armature, et
soudain il reste là. L'esprit demeure en sus-
pens, telle l'oreille au milieu d'une musique
interrompue par un point d'orgue; il faut
quelques secondes avant que la réalité terrestre remplace l'aventure aérienne; l'on se
dégage du siège et de la coque et l'on met
lourdement pied sur le sol, tout à la fois avec
bonheur et ennui de le retrouver.

Quiconque n'a point survolé la ville où il
habite ignore la sensation bizarre de ramper
dans des rues et de se tapir dans des maisons
qui, vues des airs, semblaient à peine assez
vastes pour contenir des insectes. Cela produit
un peu de stupeur, et ressemble aux belles
rêveries informes détruites par l'existence
banale.

Quand, vers le soir, la routine du travail
quotidien fait place aux menus devoirs de
société, il ne faut point avoir parcouru pendant le jour trop de lieues aériennes. L'œil
ravi par le calme atmosphérique et l'oreille

charmée par les grandes orgues de la vitesse trouvent peu de beauté au café de la rue Venizelos où se croisent toutes les étapes et les intrigues de l'Armée d'Orient. La fumée des cigarettes y semble plus épaisse, le bruit des conversations plus médiocre et le mélange des individus plus déplaisant qu'à l'ordinaire. Cette officine, où l'on vend aussi des gâteaux, des confitures et des cigarettes, serait déjà petite pour cinquante personnes. Il y a peu de mois, avant l'arrivée de l'Armée d'Orient, les trois portraits du roi Constantin, de la reine Sophie et de M. Venizelos contemplaient de rares consommateurs qui buvaient de l'eau claire et causaient avec véhémence. Les mouches aux pattes amollies par des restes de liquide étaient les plus nombreux clients de ce café léthargique. Désormais, de huit heures du matin à onze heures du soir, il n'y a pas une chaise qui ne soit occupée, ou attendue par des gens groupés à la porte. Qui ne possède pas un vaste cercle de connaissances court le risque de ne jamais s'asseoir. En entrant, après avoir accommodé sa vue au brouillard des cigarettes et son odorat au relent des alcools, l'on fait halte et l'on jette un regard circulaire sur cette marée de visages venus de tous les pays. Envoyés de journaux et nurses canadiennes, officiers grecs et highlanders, capitaines du commerce échappés aux torpilles, espions allemands, turcs coiffés du fez, officiers serbes et reporters américains, trafiquants orientaux, chargés de missions, tout ce monde se tasse, se coudoie, partage un coin de table, serre les genoux et vient prendre les nouvelles. Je suppose qu'en France un télégramme bon ou mauvais provoque en chacun des ondes d'émotion à peu près semblables, mais à Salonique, la même nouvelle éclatant au café Floca éveille la même cacophonie de pensées qu'un piano dont toutes les touches seraient frappées à la fois. Il faudrait avoir le privilège du démon Asmodée pour ouvrir ces cerveaux et les déchiffrer.

Celui qui attend à la porte du café ne manque pas de loisir pour observer cette chambrée. Mais du fond, de la gauche ou de la droite, plusieurs mains l'appellent. Il n'a pas le moyen de choisir et se dirige vers l'ami jusqu'où le chemin n'est pas absolument fermé. Sur la pointe des pieds, heurtant ses genoux aux chaises et aux hanches, il salue au passage d'autres tables qui voudraient l'attirer mais qui sont hors d'atteinte. Au terme de son voyage il s'assied et lie conversation avec cinq ou six inconnus attablés avant lui sur l'appel des premiers occupants. A Salonique, une poignée de main fait un camarade, un repas fait une relation, trois rencontres font un ami. L'un des avantages de cette guerre aura été d'unir bien des valeurs qui se seraient ignorées. Une sorte de baptême commun liera tous ceux qui auront connu l'Orient d'aujourd'hui. Quel que soit l'avenir de l'effort macédonien, ils se retrouveront plus tard, dans la période des souvenirs, même s'ils ne se sont point rencontrés réellement. Pour des centaines de mille d'individus, le mot « Salonique » sera comme celui d'Austerlitz pour les grognards de la Grande Armée; à son auréole s'ajoutera je ne sais quelles mélancolies engendrées par l'éloignement, l'atmosphère orientale et les épreuves.

Ce café Floca, où l'on ne boit guère parce que parmi les tables ne peuvent passer les garçons — soigneusement choisis d'ailleurs entre les échantillons les plus stupides de la population grecque — ce café représentera le carrefour de tous les itinéraires orientaux. L'on est sûr d'y voir tous ceux qui viennent des extrémités de l'univers et vont y retourner.

Les capitaines des grands transports ou des cargos apportent les nouvelles des pays neutres et racontent les chances de la mer. Nul ne dira en des termes trop forts ce que notre cause aura dû à cette légion de marins du commerce qui relient avec tout l'univers les pièces de l'échiquier de la guerre. Aucune fatigue, aucun danger ne leur sont épargnés, et ils ne s'arrêtent jamais. D'Arkhangel sur l'océan Glacial, de Sydney sur le Pacifique, du Canada ou du Brésil, jusqu'aux ports d'Angleterre, de France ou de l'Orient, ils chargent, transportent, vident et repartent, sans que personne semble connaître leur effort ni les remercier. Nous, les marins de guerre, nous les protégeons, du moins nous essayons. Par les tempêtes et les ouragans, ils font franchir les embruns et la houle aux cargaisons inestimables qui préparent la victoire. Leur visage s'est tanné sous tous les cieux et ils ont appris des risques auprès desquels les périls redoutables de leur profession ne comptent plus. C'est eux réellement que visent les sous-marins germaniques. Les navires de commerce sont des enfants abandonnés, et ils transportent des fortunes! Combien d'entre eux ne possèdent pas la télégraphie sans fil, suprême appel des torpillés, voix des isolés de la mer? Combien ne sont armés d'aucun canon, si petit soit-il, qui leur permît de répondre aux sous-marins et leur évitât la rage et la crispation d'une mort sans combat?

Il faut entendre ces braves gens, arrivant au port après une attaque où le hasard et leur habileté les ont préservés du naufrage. Pour fatalistes que soient les marins, ces capitaines marchands trouvent de la colère devant la pénurie de leur défense. Et puis tout rentre dans le calme, ils haussent les épaules et racontent quelque histoire professionnelle, destinée seulement à des oreilles maritimes. Une de leurs grandes misères est l'usure des bateaux et leur défiguration progressive. Quel serrement de cœur, pour le commandant et les officiers d'un paquebot luxueux, verni et entretenu avec coquetterie, quand on embarque mille chevaux sur le pont reluisant, qu'on enferme dans les cabines et les entreponts laqués des soldats tourmentés du mal de mer, que l'on enfourne dans tous les recoins disponibles du charbon, du pétrole ou des obus. Après quelques voyages où ni l'eau, ni le savon n'ont pu réparer les souillures, ces admirables navires ressemblent à de pauvres chemineaux déchirés. Le grand air salin ne peut pas chasser ces odeurs écœurantes accumulées par des milliers de bêtes et de gens, et cela rappelle une immense écurie ou un corps de garde.

Pour sauver les plus splendides, on en fait des ambulances ou des hôpitaux, dans l'espoir que la torpille ne transgressera point les lois de la guerre maritime. Jusqu'où faut-il avoir cette confiance dans des ennemis qui s'ingénient à dépasser les bornes de ce qu'Attila lui-même eût appelé de la barbarie? L'avenir l'écrira sur ses pages encore closes.

Pour l'instant, la rade de Salonique contient plusieurs de ces immenses navires-hôpitaux dont la croix rouge peinte aux flancs et aux cheminées, et le grand liséré vert de la poupe à la proue protègent les estropiés et les malades. L'Orient dévorateur prend de belles existences et restitue, quand il y consent, des malades que la fièvre, ou la nostalgie, ou la fatigue, renvoie épuisés en France. L'hiver et l'été sont également néfastes. La boue de Macédoine n'a rien à envier à celle d'aucun pays du monde, et c'est dans cette boue qu'il faut faire marcher et vivre les armées. Il faudrait que les stratèges en chambre qui pullulent dans les métropoles et dessinent les offensives de l'Armée d'Orient vinssent ici pendant huit jours et circulassent dans le camp retranché. Ils apprendraient qu'un pays sans ressources et sans routes, où les obstacles de la nature sont accumulés, n'est point un champ où l'on puisse se lancer à la légère..., à moins qu'ils ne souhaitent à cette armée le sort des légions romaines que Crassus conduisit contre les Parthes et qui n'en revinrent pas.

Ce serait une erreur profonde et douloureuse d'assimiler à une guerre coloniale les opérations en Orient. Depuis cinquante ans, les armées françaises et anglaises se sont illustrées dans des expéditions et des conquêtes, en tous pays du monde, qui ont été rapides et décisives. Mais ces campagnes lointaines affrontaient des peuples mal organisés pour la guerre actuelle; en aucun endroit nous ne nous sommes heurtés à des réseaux complets d'organisation militaire, ni au matériel de défense moderne. La conquête du Maroc représente, pour ainsi dire, la perfection de ces guerres.

Pour avoir comparé les Dardanelles à un défilé colonial et les Turcs à une peuplade sans équipement militaire, on se souvient des tragédies de Gallipoli et de la rive asiatique. Puissent-elles ne point se renouveler. Il faut de la prudence et une profonde étude du problème avant d'oser engager l'Armée d'Orient dans une avance flatteuse à l'amour-propre, et peut-être inutile en fin de compte. Dans aucun temps, les Turcs ni les Bulgares n'ont été considérés comme des guerriers négligeables : ils sont étayés aujourd'hui par toutes les forces germaniques et le front qu'ils ont constitué n'est pas plus facilement pénétrable que les fronts de Russie et de France. Une armée russe ou française préparant une offensive sur les frontières nationales peut consentir à quelque gaspillage ; quel que soit le prix de la bataille, les ressources inépuisables de la nation sont là derrière, à quelques heures de marche ou de chemin de fer ; les camps, les usines réparent immédiatement les pertes du front.

L'Armée d'Orient n'a pas ce privilège. Les réserves d'une seule bataille ne lui suffisent pas, il lui faut celles de toute une campagne. Ce n'est pas à quelques heures, mais à des journées, et parfois des semaines de navigation, que se trouvent les bases de ravitaillement. Ces bases ne lui sont point reliées par un réseau de voies ferrées ou routières, ni même par de la terre solide sur laquelle peuvent circuler les hommes, les chevaux et les camions. Encore innombrables que soient les bateaux, ils ne constituent pas cette chaîne sans fin, à l'arrivée et au départ, qui alimente l'action de toute armée moderne. Les navires ravitailleurs aboutissent dans un port où rien n'est aménagé pour une semblable avalanche d'hommes et de choses. En France, il est facile d'organiser une gare et des débarcadères de campagne ; mais le génie des hommes n'a pu, en quelques jours, transformer des rivages boueux, des plages rocheuses et des marécages, en quais où puissent accoster les grands navires.

Enfin, sur la longue et périlleuse route, les troupes et le matériel courent le risque de destruction. Si l'on transporte des canons et des obus du centre de la France jusqu'aux premières lignes de Champagne ou de la Somme, il est certain qu'ils y parviendront, et les généraux d'armée peuvent établir leurs ordres d'action sur la sécurité des arrivages. A Salonique, les sous-marins suppriment cette certitude. Un navire torpillé peut contenir les projectiles de plusieurs batailles, les chevaux d'un escadron et les vivres d'une semaine. Et que l'on ne mette point en doute que nos ennemis acharneront leurs mines et leurs torpilles sur le passage des navires au moment précis où la bataille de Macédoine dévorera le plus d'hommes et de munitions.

Patience donc pour cette armée à qui l'Entente a confié l'une de ses plus redoutables parties. Ils sont ici des braves, par centaines de mille, qui peut-être avant d'arriver à Salonique ne connaissaient pas ces problèmes et s'imaginaient que leur débarquement précéderait à peine leur course vers l'ennemi. Il n'en est pas un désormais qui ne sache par une dure expérience combien la guerre lointaine est différente de la guerre au pays; ils s'irritent souvent des lettres et des journaux écrits par les ignorants restés en France; ceux-là même qui ont le plus envie de se battre s'indignent qu'on parle de leur inertie avant qu'on leur ait donné les moyens de vaincre.

Peut-on croire que la rage ne vienne pas à tous ces soldats, parqués entre la mer et les tranchées, quand ils entendent au bout du télégraphe gronder le canon de Verdun? Et voici que la grande partie se joue là-bas sur la Meuse... Le jour où l'ordre sera donné de partir, tous ces hommes ne regarderont point derrière eux, et se feront hacher pour couvrir le bruit des batailles de Verdun.

Depuis quelques jours ce nom réunit toutes les pensées. Les gens de France n'ont pas connu les promesses solennelles que la presse, les généraux et les orateurs allemands avaient lancées dans l'univers. Nous les avons lues ici, et nous savons que l'Allemagne a déclaré qu'aux heures choisies par elle, ses armées avaient envahi la Belgique d'abord, la Pologne ensuite, et enfin la Serbie et le Monténégro. « Je ne m'étais pas encore occupée, affirmait-elle, du sort de la France, parce que j'assurais vers l'Est les gages de ma paix future. Mais maintenant c'est le tour des Français ; je vais frapper à Verdun, et je jure que j'ouvrirai là le chemin de Paris. »

Le grand duel vient de s'engager, sur lequel le monde porte des yeux attentifs. Nos amis craignent, nos ennemis ricanent. Assourdis par le tapage effréné de toutes les voix germaniques, étonnés par les triomphes des armées du kaiser, persuadés que cette force gigantesque culbutera les murs les plus solides, il est bien peu de spectateurs qui ne présument une issue fatale au tournoi de l'épée gauloise et de la massue teutonne. Oh! que de froids au cœur n'avons-nous pas sentis, pendant cette terrible semaine du premier engagement de fer. De minute en minute, les agences soldées par l'Allemagne annonçaient la chute d'un fort ou d'une redoute, et nous avons lu pendant quelques heures atroces : « *Verdun pris.* » Il faut avoir l'espérance au fond du cœur pour ne point douter du destin de notre nation. Nous avons bien tremblé, tous les marins et les soldats de France, mais nous n'avions pas peur. Et nous avions raison. A voir la stupeur des autres, nous pouvons mesurer l'étendue de notre danger et la profondeur de leur certitude en notre défaite. Je ne sais pas quelle place la mémoire des hommes réservera dans l'avenir à la résistance de Verdun. Mais je sais qu'ici, pour n'avoir point perdu ce bastion, la France a bondi si haut que les regards ne peuvent plus l'atteindre ni les paroles l'attaquer.

Il est agréable, en ce moment, d'écouter dans les salons de Salonique la délicieuse musique des louanges, et la louange qui émane du mécontentement des ennemis est peut-être plus douce que la joie de nos amis. Nous sommes comblés. La majorité des commerçants de Salonique considère avec sympathie la venue de l'Armée d'Orient, qui leur apporte une fortune quotidienne. Que ce soit dans les faubourgs malpropres où fraient les soldats de toutes les nations, ou chez les négociants des boulevards Georges et Olga, il serait difficile de ne pas recevoir avec quelques sourires les détenteurs de l'or et de l'argent.

Mais Salonique ne manquait pas, avant notre venue, d'Allemands, de Turcs et d'Autrichiens qui ne nous aimaient pas plus, je le crains, que ne nous aiment les Grecs ennemis de l'Entente. Ce groupe détenait les affaires, et a laissé dans la ville des émissaires qui suscitent contre nous des rancunes sourdes, mais violentes. Il est impossible de faire le départ entre les amis et les faux frères qui nous reçoivent, et avec des sourires presque semblables. L'an dernier, pendant les nombreuses visites à bord de paquebots, j'ai noté combien est précaire le sentiment des nationalités orientales. Chacun, disais-je, y semble pourvu de plusieurs patries de rechange. A cette hésitation, les Allemands ont adjoint leur hypocrisie légale d'appartenir à une nation étrangère sans cesser d'être Allemands. L'on s'y perd. Où que l'on cherche à se loger, quelque maison que l'on fréquente, il y a toujours, parmi les loueurs ou les hôtes, quelque indécis dont le portefeuille recèle le certificat de nationalité ou le texte de protection d'un des pays qui nous font la guerre. Si l'on finit par s'en apercevoir, cet indécis n'hésite pas à dire que cela ne compte point, que c'était jadis une nécessité d'affaires, mais que toutes ses sympathies se réservent à la France, à la grande nation, héritière du courage et de la beauté de la Grèce antique, et qui montre sur tant de terrains sa supériorité sur l'Allemagne... Beaucoup de soldats de l'Entente, mal habitués aux contacts avec des peuples qui ne sont pas toujours loyaux, absorbent sans réfléchir le miel de ces flatteries. Il faut une grande habitude des visages étrangers pour ne point s'engluer à de telles cajoleries, dont la France, depuis cette guerre, a pu mesurer la vanité. Les marins écoutent d'une oreille plus soupçonneuse ces paraboles qui les ont accablés dans tous les ports du monde, mais le soldat sincère croit à la sincérité d'autrui, et ne se garde pas.

Ce qui demeure de société à Salonique remplit ses salons des passants de l'armée de Macédoine. L'aimable facilité des Orientaux compense la mélancolie des solitudes qui ne sont point habituées à l'exil. Elles retrouvent là quelques heures de lumière, et de causerie. D'ailleurs les salons sont rares. Chacun d'eux s'ouvre une fois par semaine, à la fin de la journée, pendant deux ou trois heures. Une profusion de sirops, de confitures, de fruits sucrés s'étale sur des tables et des dressoirs. L'ameublement montre beaucoup de dorures, les murs sont chargés d'imageries, et l'on avise un peu trop l'influence du décorateur munichois. La porte du perron est grande ouverte, les lumières de l'antichambre tombent sur l'escalier qui descend vers la cour semée de cailloux, ornée de parterres. On entre sans cérémonie. Le visiteur d'un jour peut, la semaine suivante, amener qui lui plaira : l'uniforme est seule caution. Sur les portemanteaux s'alignent toutes les formes de coiffures militaires et de capotes aux boutons peints : l'on dirait l'antichambre de quelque état-major d'une armée composite. Quand un chapeau de feutre ou un pardessus civil font tache parmi les uniformes, ils sont d'un Grec familier de la maison, et venu aux écoutes.

Ces assemblées ne favorisent guère la conversation générale. Nul n'a fréquenté suffisamment son voisin ni ses hôtes pour s'abandonner à rien de personnel, j'allais dire de sincère. L'on vient pour le repos des yeux et la curiosité des oreilles ; l'on serre cinquante mains sans mettre un nom sur les visages, qui font cependant partie du Tout-Salonique. Il est rare que l'invité connaisse le maître ni la maîtresse de la maison, et il doit prendre garde aux bévues. Des groupes de trois ou quatre visiteurs se forment, se dissolvent et se reforment sans qu'un choix personnel y concoure. Quatre mots peuvent résumer la teneur de toutes ces conversations menues, inquiètes, indistinctes : « Quelles sont les nouvelles ? » Tous répètent cette question cent fois en deux ou trois heures ; il est sous-entendu que les nouvelles d'importance ne seront pas dites et que les nouvelles avouées sont probablement fausses, mais l'on veut savoir. Puisque personne n'est là pour causer réellement, ne faut-il pas observer cette règle du jeu ?

Néanmoins, parmi les groupes, certaines gens ne viennent point au hasard, mais retiennent soigneusement les intonations, les regards, et la nuance des réponses. Chaque mot, chaque timbre de voix, pris séparément, ne forment qu'un point de mosaïque : l'assembleur patient reconstitue le dessin. Vous pouvez croire que rien n'est perdu. Qu'on observe le précepte : « Taisez-vous! Méfiez-vous! », qu'on ne dise rien ou croie n'avoir rien dit, ceux qui veulent entendre savent, de ces fragments de réticences, extraire la réalité.

Dans tous les salons, quelques tables de bridge offrent peut-être le plus sûr moyen de se distraire sans risquer de rien dire. Toujours garnies et bien environnées, il est fréquent d'y voir quatre partenaires qui parlent quatre langues différentes, mais dont l'idiome commun est la langue française. On y joue assez gros jeu, et il faut être compétent pour se risquer. Là se forment quelques liens un peu plus solides ; les mêmes joueurs se retrouvent plusieurs fois par semaine et, parmi ces gens placides, absorbés apparemment dans les voyages de l'as d'atout, certains choisissent avec pénétration le partenaire qui dira les choses qu'il ne voudrait pas livrer ; celui-là est soigneusement dirigé, et petit à petit, dans les répits où se mélangent les cartes et se tiennent des propos d'allure anodine, reçoit à bout portant des questions dont l'origine lui est inconnue, et auxquelles il finit par répondre sans s'en douter, pour peu que la confiance du jeu ou la fatigue lui fassent abandonner ses gardes.

D'autres, en des coins qu'ils voudraient sombres et qui sont illuminés, entament quelques intrigues. Les flirts sont épineux à Salonique ; à l'inverse des pays belligérants, le nombre des hommes y est prodigieusement supérieur à celui des femmes ; l'on compte par minute les instants de causerie avec l'objet charmant. Toujours quelques permissionnaires boueux ou quelques aviateurs lustrés viennent en tiers, s'ils ne prennent pas carrément la place. Et puis, Salonique a cent mille regards. C'est un fâcheux métier, et bien pénible, que d'y poursuivre une idylle dont toutes les délices reposeraient sur l'ombre et le secret.

Parfois, dans telle de ces maisons accueillantes, s'égarent quelques jeunes gens à faux cols bas, à cravates chatoyantes et pantalon de coupe impeccable. Cette espèce masculine surprend. Les Français et les Anglais et tous ceux qui se battent, ont perdu l'habitude des adolescents d'âge militaire, qui s'inquiètent encore de leur coiffure ou de leurs dessous, et, au milieu de guerriers, peuvent conserver de l'assurance. Ces jolis-cœurs sont très vains de frayer avec des héros de la grande guerre, et n'ont pas du tout l'air d'y vouloir prendre part. Ils offrent, d'un air engageant, des cigarettes encloses dans des étuis parfumés, et cela est très curieux. Avec un art extrêmement subtil, leurs discours mélangent les grands noms et les grandes victoires de l'antiquité aux grands noms et aux bien plus grandes batailles de notre guerre. Après cinq minutes de conversation il devient très difficile de se souvenir que ce n'est pas le même peuple qui a remporté la victoire de la Marne et celle des Thermopyles, qui a subi le siège de Verdun et celui d'Athènes. Je le répète, c'est très curieux.

L'autre jour, une jeune fille me présenta trois jeunes gens qui semblaient issus d'un album de modes : parmi les harnachements militaires, ils paraissaient ridicules, ne s'en doutaient pas, et semblaient très contents d'eux-mêmes. Je ne sais point si la jeune fille se rendit compte de l'ironie des mots quand, avec un sourire complaisant, elle me les présenta :

— Mon capitaine, ce sont mes trois frères. Ils s'appellent Platon, Alcibiade et Thémistocle.

L'on dîne fort tard à Salonique. Ce qu'on y baptise cuisine française a peu de rapport avec la chère de notre pays; les noms seuls des mets sont français, mais il faut avoir grand appétit pour ingérer tous les jours cette nourriture chimique.

Au bord de l'eau, dans un fort joli décor, au pied de la massive tour Blanche et en face de la rade aux innombrables bateaux, s'élève le restaurant le plus couru, le meilleur. On peut boire des vins de Grèce authentiques, et, moyennant une petite fortune, offrir à ses amis quelque champagne qui ne soit point de l'acide mousseux.

La multitude des convives élève les additions à des hauteurs ignorées des économistes les plus grincheux. En un mois et demi, chaque nourriture a quadruplé de prix. Toute chose, d'ailleurs, atteint des tarifs tellement exagérés que le strict nécessaire de la nourriture, des transports et des menues dépenses engloutit les soldes de guerre. Le Français en souffre particulièrement, auprès des officiers britanniques bardés de livres sterling.

Pour cher qu'il soit, le dîner au restaurant de la Tour Blanche ne manque point de pittoresque, grâce au mélange cinématographique de tous les clients. Les salles sont vastes, les tables nombreuses, les garçons rares et inintelligents. Se faire servir exige des patiences extrêmes. Il est bon de prendre une table à plusieurs couverts. Celui qui arrive premier n'attend pas longtemps; bientôt apparaissent des camarades, des amis ou de simples connaissances qui montrent ce visage anxieux du dîneur privé de place. On les appelle; en moins d'une demi-heure, temps minimum pour obtenir deux œufs sur le plat, une tablée de huit ou dix recommence l'éternel jeu des questions et des petites nouvelles. C'est le grand moment pour les reporters de journaux.

Avant de rédiger leur télégramme nocturne, ils interrogent tout un chacun sur le bilan du jour. A Salonique, ils ont à la fois beau jeu et triste existence. Toutes les nations possèdent des représentants de journaux entre qui la concurrence est effrénée, et le télégraphe grec laisse passer bien des nouvelles que le reporter devine censurées en France. Le journaliste n'hésite pourtant pas et, chaque jour, va n'importe où et n'importe comment, dans la boue, jusqu'aux tranchées et aux villages perdus, faire une moisson maigre ou abondante. Heureux quand son voyage le conduit où quelque chose se passe; ses nouvelles seront fraîches; deux heures d'avance à Salonique signifient deux jours à Paris, un tirage supplémentaire du journal et des louanges du directeur... Mais parfois, lancé sur une fausse piste, égaré dans un district où rien ne s'est produit, le pauvre journaliste, pendant son repas du soir, essaye de glaner à chaque table des bribes de renseignements.

Parmi toutes ces nouvelles, fausses ou vraies, le bon reporter se donne des peines infinies pour extraire la vérité. Sa loyauté l'y aide. A la louange de ceux que j'ai connus, ils ne se mêlent point de rédiger des messages, si sensationnels soient-ils, quand ils les croient erronés. Dans ce domaine encore, la guerre qui a montré tant de vertus en des classes si différentes, aura donné au journalisme tout son sens et toute sa beauté.

Entre neuf ou dix heures, les tables du restaurant se vident. Tour à tour se lèvent les Anglais qui mangent avec une régularité sportive et silencieuse, les Serbes au visage basané, les Français causeurs, dont l'apparente légèreté dissimule si bien leur travail et leurs préoccupations, les officiers grecs aux bottes bien cirées, les dames de la Croix-Rouge, les journalistes, les espions et les ennemis. Sur le trottoir, des groupes stationnent et s'inquiètent de ce qu'ils vont faire. Salonique nocturne n'est point divertissante. Les visites de zeppelins et d'avions y ont éteint toutes les lampes, et l'on circule quasiment dans un four. La pluie accumulée sur les chaussées inégales fait de la moindre promenade un éclaboussement bourbeux. Cahin-caha, l'on s'engage sur le quai, seule avenue des distractions. La rade est rigoureusement obscure ; tous les bateaux ont caché la moindre de leurs lumières afin qu'aucun ennemi aérien ne puisse les viser ; mais ils font bonne veille, et dans le noir opaque où l'on ne distingue aucune forme, il y a des yeux grands ouverts vers le ciel et des mains posées sur la culasse des canons. Au-dessus de Salonique passent quelques avions français qui montrent un feu en signe d'innocence ; ils font la ronde nocturne, et scrutent les toits de Salonique, pour voir si quelque main traîtresse n'y a pas disposé des lampes de diverses couleurs qui puissent guider les assaillants de l'atmosphère.

Dans la ville haute, un grouillement de soldats, de mercantis, de levantins, emplit les ruelles étroites et les taudis enfumés où l'on débite l'anisette et le raki. De misérables chanteuses, vêtues de haillons coloriés, et quelques pitres stupides, épaves de l'Orient, débitent sur un ton enroué et avec des gestes mornes des platitudes grecques ou italiennes. Tout cela trahit la tristesse, le vice sordide et la chasse aux sous.

Les cinématographes de luxe bordent le

quai de la Victoire. Leurs façades aux lampes bleuâtres sont la seule gaieté des nuits pluvieuses. Ils sont pleins à craquer. Et cependant, quels films lamentables échouent ici! Depuis New-York, Paris, Londres ou Rome, ils ont passé dans toutes les villes qui précèdent Salonique, leur dernière étape. Rayés comme par d'innombrables épingles, déréglés et tremblotants, ils montrent des mélodrames et des comédies au rabais. A quoi bon gâter cette clientèle, puisqu'elle se presse en foule, quelle que soit la qualité du seul plaisir qu'on lui offre?

Ceux qui redoutent le clignotement et l'ennui de ces cinématographes peuvent écouter dans un théâtre ou bien dans un café chantant, ce que l'on peut encore appeler de la musique. Oh! les lamentables exhibitions de chanteurs ou de chanteuses, qui ont éraillé leur voix à toutes les rampes de troisième ordre, et qui, chassés de partout, acceptent de braver les sous-marins pour recueillir, dans un de ces antres mal dorés, quelques applaudissements et de formidables huées. Ce music-hall et ce café constituent le haut ton de la nuit à

Salonique. L'on y prend rendez-vous, l'on y retient des loges, comme s'il s'agissait d'un ballet russe à l'Opéra. Tous s'amusent comme des écoliers, frappant à coups de canne le rebord des loges qui s'effritent, jetant des sous, des rats, et cent projectiles aux pieds des chanteuses et des histrions. Il faut croire que la beauté n'est pas nécessaire pour inspirer les désirs, car en aucun pays du monde les étoiles mourantes de la scène ne reçoivent autant d'hommages et de déclarations. Plusieurs corps d'armée séjournent en Macédoine, quelques centaines de militaires hantent chaque jour ces lieux de plaisir, où le nombre de dulcinées se compte sur les dix doigts de la main. Qui doit-on plaindre le plus : les houris qui peuplent ce maigre paradis de Mahomet, ou leurs innombrables aspirants ?

Vers minuit, dans le café où un piano névralgique et des violons tuberculeux font entendre je ne sais quelles parodies de valses, surgit une poussée d'ivresse. Ce n'est pas que l'on ait beaucoup bu, mais la chaleur, ces parfums violents et ces désirs inassouvis, le sentiment de la solitude prochaine, de l'exil dans une chambre ou sous la tente, loin de tout ce qu'on aime, et toutes les émotions qui peuvent accompagner des heures aussi rapides, aussi étranges, se traduisent par un besoin de chanter à tue-tête. Au moment où le tenancier, de sa main grasse, frappe dans sa paume pour indiquer qu'il faut partir, tous se lèvent et, rajustant leur tenue, chantent. Le chœur n'entame point des grivoiseries, mais les deux hymnes anglais et français. Je ne sais quelle gravité passe dans ces yeux brillants et sur ces visages un peu rouges. Cela est un peu ridicule, mais bien touchant, d'écouter la *Marseillaise* et le *God save the King* dans cette salle étouffée, surchauffée et dépourvue de toute noblesse. Mais il faut comprendre le sens profond de ces strophes ; elles sont si magnifiques qu'elles ennoblissent le plus piteux des décors, et elles signifient, naïvement, tous les liens vigoureux qui unissent la mère patrie à ses enfants perdus, anxieux de bien faire dans la dernière croisade.

LA CHALCIDIQUE ET L'OLYMPE

Salonique. — Mars 1916.

Ayant achevé l'installation du centre des hydravions, logé ses hommes, abrité son matériel, organisé les patrouilles et leur liaison avec les forces navales ou les bâtiments de surveillance, il se trouve qu'aucun torpillage de navire n'est survenu dans le rayon de nos vols. Ce résultat favorable encourage à étendre la zone de notre activité par le moyen de postes éloignés, d'où les aéroplanes, après ravitaillement de pétrole et menues réparations, puissent repartir au-dessus de la mer Égée et survoler toute l'étendue qui sépare les côtes bulgares du golfe de Volo.

Après une étude préliminaire des points favorables, je reçois mandat d'examiner sur place les différentes plages où il serait commode d'atterrir, de hisser les appareils et d'établir des abris pour le personnel et le matériel destinés à constituer ces sous-stations. J'ai à peu près carte blanche pour ces voyages d'exploration qui vont me conduire dans des parages soustraits, jusqu'à l'heure présente, à l'influence de l'Armée d'Orient, et je quitte Salonique sur un torpilleur; mes compagnons sont deux officiers de l'aviation terrestre (1), et le chroniqueur (2) attitré du corps expéditionnaire. J'ai demandé un interprète grec, mais il n'y en a point, pour moi, à Salonique.

Par un mauvais matin de pluie et de clapotis, nous commençons cette tournée, dont les premières étapes s'échelonnent sur la partie orientale du golfe et la péninsule de Chalcidique. A peine sortis de la rade et de son barrage, nous sommes attaqués par une averse et par la mer grossissante. Autant je suis heureux de retrouver mon élément professionnel, autant mes compagnons de voyage, mal habitués à l'étroi-

(1) Capitaines Bessonneau et Hirschauer.
(2) Sous-lieutenant Gaston Chérau.

tesse, aux relents et au peu de confortable d'un torpilleur, pâlissent de minute en minute... Pendant une demi-journée nous descendons le golfe, où nos seules rencontres sont des chalutiers de surveillance et quelques voiliers grecs qui remontent péniblement pour trouver un abri. Les grands bateaux ne circulent pas; soit à l'arrivée, soit au départ, leurs mouvements se font de nuit, afin de décevoir les attaques possibles des sous-marins.

Vers midi, nous atteignons l'extrémité de la pointe Kassandra, située à plus de cent kilomètres de Salonique, et sentinelle avancée du golfe vers le large. En face d'elle, sur le continent, s'élèvent les cimes de l'Olympe, du Pélion et de l'Ossa; elles sont noyées dans la pluie; on ne les devine que par le matelas immense des nuées qui les coiffent.

Une plage inclinée borde la pointe de Kassandra; la mer vient s'y briser avec force. Les rouleaux de la houle rendent délicate notre arrivée sur la berge, dans le youyou du torpilleur; au moment de sauter à terre, un grand déferlement nous mouille tout entiers. Ceci est de mauvais augure : lorsque la rencontre de la mer et de la terre est trop mouvementée, les hydravions courent risque d'avarie. Sous la pluie, cependant, nous examinons le paysage. Une sorte de vallée, au fond de laquelle serpente un chemin creux, semble abritée des vents ; on y pourrait établir un hangar et des constructions légères. Mais, pour manœuvrer et hisser les hydravions atterrissant ici, il faut des bras, de la force. Au Centre de Salonique, tous les marins sont disponibles pour accompagner et guider les appareils ; à Kassandra, où l'on ne pourrait détacher que quelques hommes, il faut avoir recours à la main-d'œuvre indigène. Les abords de la plage sont parfaitement déserts : aucun village, aucune cabane de pêcheur, rien que des oliviers ou des ajoncs... Un enfant égaré sur le rivage, et qui depuis notre venue rôde avec les gestes bien connus dans l'univers entier, les gestes du mendiant, nous fait entendre qu'à peu de distance, derrière les méandres de la vallée, se trouve une bourgade. Dans la boue et les graviers, nous nous y dirigeons.

Après deux ou trois kilomètres de marche, nous atteignons un pauvre hameau de maisons

grises et basses, la patrie des pêcheurs qui
travaillent sur le golfe. Sauf quelques affiches
grecques, et les écriteaux du café et du marchand de tabac, sauf quelques détails de constructions, tels que balcons surplombant la rue
et escaliers extérieurs aux murailles, on se
croirait en un village breton. Les femmes,
laides et fatiguées, semblent porter quadruple
épaisseur de jupes de laine qui les arrondissent
comme des tonneaux au-dessous de leur poitrine plate ; les hommes montrent ce visage
durci et comme peint avec du tan ; les enfants,
pieds nus et loqueteux, s'ennuient le long des
maisons et ne jouent point. Nous sommes tout
à fait en dehors de la civilisation, de la vie universelle, de la guerre. Sous l'auvent de l'unique café, nous nous asseyons sur un banc de
pierre appartenant au mur, et nous accoudons
à une table boiteuse ; on ne peut nous offrir
qu'un verre d'eau pure et du vin blanc, au goût
de résine délayée dans de la térébenthine. La
diversité ni le parfum des liqueurs ne sont
parvenus ici.

Ce bourg, cependant, doit être pour le
moins un chef-lieu de canton ; deux ou trois

indigènes, portant veston et chapeau de feutre, chaussés de cuir presque fin, sont attirés par notre présence ; en pays oriental, l'étranger ne demeure jamais solitaire ; à peine débarqué, des cicerones ou des officieux l'attaquent, au besoin le harcèlent. D'ailleurs, la langue française, pour maltraitée qu'elle soit, possède en Orient une foule de colonies insoupçonnées ; les vestiges de notre influence, les nécessités du commerce, obligent beaucoup d'artisans à la connaître. Après maintes salutations, des sourires et l'offre d'un verre de vin, l'on en vient au fait ; nos invités ne comprennent pas grand'chose à ce que nous souhaitons ; ils n'ont jamais vu d'aéroplanes, et nos mains décrivent dans l'air, vainement, des orbes significatives ; cela ne leur fait point entendre que certains jours, si nos hydravions atterrissent sur la plage, il nous faudra quelque trente ou quarante hommes pour les hisser au fond de la vallée... Nos Grecs sourient toujours, parlent avec volubilité : la négociation ne progresse pas.

Heureusement, sur la placette que borde le café, passent trois chevaux robustes, harnachés pour le labour, et qui descendent vers le ravin par où nous sommes montés. Sur une question, l'un de nos invités déclare que ces bêtes lui appartiennent et retournent à leur écurie, du côté de la plage. Cela suffit. Nous lui demandons s'il voudra bien les mettre à notre disposition toutes les fois qu'on l'en requerra; nous affirmons que ces animaux n'auront point à accomplir de besognes épuisantes, et promettons pour chaque labeur une somme rondelette. L'on ne serait point dans la patrie de Mercure si un tel marché ne séduisait. Il est rapidement conclu. L'homme en veston et chapeau de feutre ignore ce qu'il promet et devine simplement qu'il y a gros à gagner sans fatigue; nous ignorons complètement si les chevaux seront là dans le cas éventuel où nous le solliciterons; notre seul traité consiste en une poignée de main, une promesse d'argent et de la confiance mutuelle.

Au retour, la pluie redouble et la boue s'aggrave. Avant de rembarquer sur notre torpilleur, nous examinons un coteau qui domine la plage. De ce sommet, l'on contemple d'immenses étendues de mer; pendant une éclaircie, nous apercevons au loin les côtes de Thessalie et les îlots de la mer Égée ; du haut d'un tel promontoire, des veilleurs à notre service pourraient voir et annoncer tout ce qui passe, amis ou ennemis. C'est un poste d'observation unique, et nous décidons d'y proposer l'établissement d'une station de veille et de télégraphie sans fil... Et puisque aussi bien il faut tout prévoir d'un seul coup, nous envisageons en outre la possibilité d'y créer un centre de sondages météorologiques, qui donneraient journellement, aux aviateurs maritimes et militaires de l'Armée d'Orient, des informations destinées à rendre leurs vols plus efficaces et plus sûrs.

Cette première exploration terminée, nous gagnons le torpilleur à l'ancre, qui danse sur des vagues de plus en plus grosses. Il s'agit maintenant de gagner la presqu'île centrale de la péninsule de Chalcidique, où la carte nous montre une anse très close dont nous pouvons faire un relais.

Pendant quelques heures nous longeons à bonne distance la presqu'île de Kassandra, au

milieu des rafales et des paquets de brume.
Par moments le ciel entier, la terre et l'horizon
disparaissent : le torpilleur est au fond d'une
lame. L'instant d'après il rebondit sur une
crête, tout apparaît soudain comme dans une
lanterne magique; puis il retombe... Le pont
est balayé par des poignées d'écume; le long
des cheminées, chaque embrun laisse une
croûte de sel blanc. Sur le pont ne demeurent
que le commandant et les hommes de service,
ainsi que le cuisinier qui prépare le dîner;
plats et casseroles sont chavirés à chaque coup
de roulis; le maître coq les retient tant bien
que mal, rassemble les pommes de terre et les
ustensiles qui s'échappent et se faufilent dans
les coins les plus sombres... Le chien du bord,
efflanqué, aux poils trempés, cherche un abri
contre l'irruption perpétuelle des vagues; il ne
le trouve point et erre piteusement depuis
l'étrave coiffée d'écume jusqu'à l'arrière noyé
par les éclaboussures de l'hélice. Affalés dans
l'étroite cabine, sur les matelas du commandant et de son second, mes compagnons sont
devenus verdâtres et n'aspirent qu'à une chose,
à l'immobilité.

Tout d'un coup, derrière le rideau de pluie, apparaît la terre que nous cherchons; après avoir tâtonné à droite ou à gauche pour découvrir la porte du havre souhaité, l'on discerne une fente presque invisible, une fissure des roches hautes. C'est l'entrée de Port-Koupho. De chaque côté, des écueils ras montrent leurs échines luisantes au milieu des fusées de l'embrun et de l'écume; un tumulte sourd jaillit du choc de la grande houle contre les poitrines immobiles de la falaise; la force des vagues porte le petit torpilleur dans le chenal étroit où il passe en trombe, si proche des deux murailles de pierre qu'elles renvoient l'écho des pulsations de la machine. En quelques secondes, comme par magie, le petit bateau tombe dans le calme. Son arrière est encore soulevé par les vagues rageuses du dehors, son avant se pose déjà sur l'eau tranquille et miroitante. On dirait un grand orage qui s'arrête au seuil d'un huis, et un voyageur grelottant qui entre d'un seul pas dans quelque logis sec et tiède.

Port-Koupho ressemble à une palette liquide sertie à l'intérieur du rivage. Elle communique

avec la mer par une étroite serrure. A l'un de
ses creux flâne une petite flottille de bateaux
de pêche qui se balancent avec langueur sur
les restes de houle entrés par le détroit. Leurs
coques sont peintes de couleurs vives, rouge
et bleu; leurs mâts portent des voilures trian-
gulaires qui sèchent au vent du soir, et se
recouvrent d'un grésil de sel, vestige de la
dernière tempête. Le torpilleur se fraie lentement un chemin parmi tous ces bateaux. Il
frôle des bossoirs, des beauprés, et laisse enfin
choir son ancre. La machine s'arrête, chaque
chose redevient silencieuse à bord; on fait
tomber à la mer la petite embarcation; le chien
retrouve sa joie, s'ébroue et saute aux épaules
des marins et des officiers; mes deux compagnons émergent des profondeurs de la cabine,
et le vert sur leur visage a fait place à du rose.
Deux matelots solides déposent dans le youyou
nos fusils et nos cartouches, des appareils photographiques et des manteaux de caoutchouc.
En dix coups d'aviron, notre petite barque
accoste un perron de roches où les pêcheurs de
la flottille réparent leurs filets, trient des poissons et nettoient de grandes conques nacrées.

Ils nous regardent avec un air absolument atone. Nous essayons de leur adresser la parole, mais il faut croire qu'ici nous atteignons la fin du monde, car ils ne comprennent rien et ne réagissent pas.

Cahin-caha, nous commençons à longer la palette d'eau, afin d'y reconnaître les possibilités d'atterrissage. Du sable la borde sur une largeur de dix à douze pas ; il est fin, humide et en pente très douce ; tout autour, s'étendent des marécages et des terrains détrempés où nous enfonçons à mi-jambe ; cela forme une sorte de plaine ovale, piquée de quelques oliviers, et qui remonte, sur un circuit d'environ un kilomètre, jusqu'à former des coteaux et des collines. Aux pentes, s'accrochent quelques maisons très pauvres, battues par le vent, détrempées par la pluie ; au loin, tout au bord de l'eau, près d'un ruisselet qui meurt en plusieurs branches dans le sable, nous apercevons une maison un peu plus haute qu'habite probablement le personnage principal de ce havre perdu.

Depuis plusieurs semaines, le bruit court que des sous-marins allemands ont établi dans

les environs de Salonique des dépôts de pétrole
et de vivres. S'il est un endroit où la tentation
leur soit venue d'installer l'un de ces postes,
c'est bien Port-Koupho. Du large, aucun œil
ne peut distinguer quiconque s'y abrite. Les
indigènes en paraissent tellement séparés du
monde extérieur que je doute qu'ils sachent la
différence entre un uniforme grec, allemand,
français ou anglais.

Comme nous nous dirigeons vers les masures
accrochées aux premières pentes, passe un
jeune garçon grimpé sur une bourrique chargée de deux sacs de grains. Il sort d'un boqueteau d'arbustes, nous aperçoit et se précipite à
nos genoux. Nos uniformes, nos fusils, notre
mine de mauvais temps lui ont fait peur; il
balbutie des prières que nous ne comprenons
point; nous essayons tous les langages dont
dispose notre savoir; il demeure bouche bée.
La terreur est posée sur son visage et il n'y a
aucun doute que les Allemands ont fréquenté
ici. De telles attitudes d'effroi ne sont pas
suscitées, d'ordinaire, par les officiers de notre
parti. Que ce garçon ait ou non la conscience
tranquille, nous le laissons partir sur sa bour-

rique; il fait quelques pas, tournant la tête vers nous pour voir si nous ne l'ajustons point de nos fusils; quand il se croit sûr que nous ne l'atteindrons plus, le voilà qui se lance ventre à terre vers l'un des cols où il va certainement porter la nouvelle que quatre officiers étrangers viennent d'aborder avec des armes et ne s'en servent pas.

Nos soupçons éveillés par cette peur et cette fuite, nous visitons successivement les dix ou douze cabanes de pierre éparpillées sur la plaine. Les portes vermoulues sont fermées par de mauvais cadenas que nous faisons sauter d'un tour de pouce. Quand nous entrons, nous ne voyons rien que les murs crépis; aucun ustensile, aucun meuble n'ornent ces taudis. Par terre, au bas du mur, quatre pierres calcinées, des tronçons de bûches noires montrent que des êtres humains y viennent par moments; une cloison sépare cette chambre d'une grange où du foin, de la paille, des graines, sont entassés jusqu'à hauteur d'épaule. Tout cela sent la misère, la crasse et l'abandon.

Avec nos fusils, nous fouillons les amas de paille et de graines qui nous chatouillent le menton; mais les crosses ne touchent que de la terre battue; ni bidon, ni caisse ne rendent un son métallique. Si les Allemands ont déposé du pétrole ou du combustible, la cachette n'en est point dans ces masures.

Au passage nous visitons un vieux fort vénitien que le Lion de Saint-Marc établit au moyen âge dans cet abri propre aux escales. Ses quatre murs effrités subsistent seuls. Pendant quelques minutes, nous foulons le tapis de ronces et d'orties, seuls vestiges du corps de garde, des chambrées et de la salle de commandement où vécurent les soldats vénitiens et les marins des galères. Sur les moellons usés paraissent encore de très vieilles inscriptions gravées à la dague et recouvertes par des palimpsestes turcs ou grecs... Le vieux fort symbolise une fois de plus la succession des conquêtes qu'a subies ce pays, carrefour de toutes les invasions, et dont on ne peut dire à quel maître il appartiendra demain.

Dans le soir qui tombe, nous poursuivons jusqu'à la maison du bord de l'eau qui nous apparaît seigneuriale. Quelques paquets de roseaux, le liseré clair d'un champ mal cultivé nous en séparent. L'un de nous tire quelques coups de fusil sur des oiseaux aquatiques troublés par notre approche ; les autres examinent les possibilités d'atterrissage d'avions. Enfin, nous arrivons devant la porte, fermée d'un mauvais cadenas et d'un déclanchement à bobinette et à chevillette, comme dans le conte du petit Chaperon rouge.

Sous un apprentis grogne un très beau cochon noir qui nous salue par des cris déchirants. Entre la façade et la plage, quelques poules picorent autour d'un puits dont la margelle est au ras de terre. Juste au bord de l'eau, quatre piquets de bois tordu forment une sorte d'alignement qui indique l'entrée de l'anse. Ayant frappé à toutes les portes, — il y en a trois, indice d'une fortune considérable — le silence intérieur nous décide à faire jouer la chevillette et la bobinette. Après quelques efforts de cambriolage pratique, la porte cède enfin et nous entrons dans une salle, de terre battue comme toutes les autres, où de fortes voliges et des poutres supportent le toit mal joint. Un âtre tout noir s'ouvre vers un conduit de fumée pratiqué dans le mur. Nous ne nous étions pas trompés ; c'est la maison d'un riche. Au bas d'une muraille s'étendent des moquettes déchiquetées, usées jusqu'à la corde, dont un paysan de France oserait à peine faire des bâches. L'épaisseur des cloisons de pierre est creusée d'alvéoles qui servent d'armoires ; elles contiennent de vieilles boîtes d'allumettes, quelques petites lampes en terre cuite, des imageries de saints, trois verres ébréchés, deux paquets de cigarettes vides, des clochettes de chèvre ou d'âne. Près des solives court une planche épaisse qui ploie sous des couffins et des jarres, chargés de fromage rustique, de vin épais et d'huile odorante. A gauche, le mur s'ouvre sur une grangette garnie de paille, de grains et de chapelets d'oignons.

En vérité cette escale est primitive, mais nous décidons sur-le-champ d'y passer la nuit. Après leur journée pénible, mes compagnons ne tiennent point à coucher dans l'étroitesse trop déplaisante du torpilleur. D'ailleurs, le site paraît favorable aux escales d'aviation, et il est expédient d'établir dans cette demeure, quel qu'en soit le propriétaire, un magasin d'essence et d'huile.

Tandis que le youyou, renvoyé à bord du torpilleur pour y chercher des vivres et des couvertures, effectue son va-et-vient avec les deux matelots, nous examinons les abords de notre gîte. La solitude est complète ; le crépuscule tombe rapidement ; la mer houleuse au dehors du goulet vient mourir en petites caresses sur la plage de sable fin ; l'on n'entend plus que le cri rauque de quelques courlis et hérons qui vont rejoindre dans le soir leur couchette des marécages. C'est vraiment un pays séparé du monde et surtout de la guerre. Instinctivement notre dialogue d'hommes actifs et civilisés tombe sur ce charme unique des coins d'univers où l'on ne perçoit aucun bruit qui ne soit créé par la nature, où tout s'endort sans lumière ni veille tardive, ainsi que cela devait être préétabli pour le bonheur simple...

Notre causerie fut interrompue par l'arrivée d'un jeune garçon et de sa sœur aînée, âgée d'environ seize ou dix-sept ans, et qui sortirent de la pénombre sans que nous les eussions entendus. Ils demeurèrent stupéfaits de nous voir établis comme chez nous, et n'articulèrent aucune parole. Le garçon, vêtu d'une casaque de peau, les jambes entourées de bandelettes, paraissait stupide et effrayé ; il tirait la jupe de sa sœur pour conseiller la fuite ; mais la jeune fille, plus éveillée et coquette, lissait sa chevelure et rajustait son corsage amarante ; elle montrait de la curiosité, peu de crainte, et je m'adressai à elle afin de lui faire entendre, par gestes, que nous venions ici comme des hôtes et non en déprédateurs. Elle comprit fort bien la pantomime par laquelle je signifiai notre intention de manger et boire en cette maison, et d'y coucher, pour peu qu'on ne nous en empêchât point. Elle répondit d'un ton enjoué des paroles inintelligibles et donna de petites tapes sur les mains de son frère pour lui marquer qu'il la laissât tranquille. A tout prendre, notre conversation mimée prenait un tour fort agréable...

Dans le désir de faire tomber ses derniers scrupules je tirai de mon portefeuille un billet de banque de cinq drachmes et, de même qu'un voyageur paie son hôtelier, le lui offris en dédommagement de notre intrusion. Elle tendait la main déjà, quand de la pénombre surgirent ses parents. La mère était noueuse, desséchée, et, je le présume, très forte en bouche, car elle se précipita sur nous les ongles tendus, nous accablant de toutes les insultes illustrées par l'Iliade, Aristophane et les poètes mineurs de la Grèce antique. Sans aucun doute, cette furie avait observé mes gestes de poser ma joue inclinée sur la main ouverte, ce qui, en tout pays, se traduit par « *dormir* » : elle avait vu mon offre d'un billet de banque, et s'imaginait que les intrus survenus de la mer en voulaient à l'honneur de sa fille. Un tel soupçon lui suggérait les injures habituelles, dont, pour notre malheur, nous ne pouvions point goûter la truculence ; mais son visage tordu par la colère, ses yeux larmoyant de rage, et le timbre guttural de ses glapissements nous firent éclater de rire, ce qui provoqua une explosion triplement véhémente. Je soupçonne que l'un de nous, au moins, ne s'en serait pas tiré sans des balafres ou un œil égratigné, si le père n'était intervenu. Il portait le costume des popes, une barbe magnifique et blanche sous un regard calme ; sa démarche et ses mouvements rece-

vaient une grande dignité de la soutane noire
et du bonnet de l'Église orthodoxe ; quoique
son extérieur fût d'une saleté fort esthétique,
il représentait à merveille le pacificateur des
discordes. Interpellant son épouse en termes
mesurés mais forts, il lui remontra probable-
meut que notre offre honnête de rémunération, nos rires, et notre bonhomie, ne justi-
fiaient point une apostrophe aussi tragique.
Retournée vers lui, la mégère lui lança plusieurs bordées précipitées, nombreuses et
rêches, où sans doute elle lui rappelait des
bienveillances antérieures et maladroites, et
le sommait de faire déguerpir les suppôts du
diable. Le bon prêtre, apparemment vieux
routier des querelles, n'en fut pas réduit à
composition. D'un vaste mouvement de main,
il écarta sa femme, puis s'avança vers nous,
tendit les doigts, saisit notre billet de banque
qu'il assura dans quelque poche profonde, fit
un geste d'admission vers le logis et rabroua
son épouse d'un mot bref qui signifiait : « Va-
t'en ! »

Saisissant sous les bras sa fille qui n'en
paraissait pas très ravie, notre Grecque s'en

fut je ne sais où, car nous ne la revîmes plus. Pendant cinq minutes, nous entendîmes à travers roseaux et arbustes les éclats vigoureux de ses anathèmes, qui mouraient et renaissaient à mesure qu'elle découvrait dans son répertoire quelques jurons inattendus et plus aigres.

Notre youyou revenait, chargé de couvertures, de vivres et de l'indispensable à une nuit sur la terre dure. Nous nous installâmes. Dans l'encoignure de la chambre, le pope et son fils s'étaient accroupis sur leurs lambeaux de carpettes; ils ne disaient pas mot, ne remuaient pas un doigt, et contemplaient nos mouvements comme deux statues de l'impassibilité. Le regard du père était bénévole, celui du fils curieux. Dans trois niches des murs nous disposâmes des bougies. Elles créaient une lumière falote qui traçait dans la chambre des zones à moitié claires et d'autres parfaitement obscures. Avec l'aide de nos deux matelots nous décidâmes d'en suspendre une quatrième à la poutre maîtresse du plafond, mais il n'y avait pas d'échelle. Encore que la poutre ne fût point très haute, il fallait l'atteindre et

chacun de ces hommes, plusieurs fois, glissa
sur les hanches, puis sur les épaules de l'autre ;
enfin, ils réussirent à former un pylône stable
et à constituer par des nœuds adroits un lustre
à peu près solide. Pendant ces efforts, ils s'en-
courageaient mutuellement et c'est ainsi que
nous apprîmes que l'un d'eux s'appelait
« Vénus ». Je ne peux pas traduire notre joie
quand nous entendîmes ce nom de déesse,
porté par un matelot barbu et trapu, dont les
mains et les pieds étaient aussi larges qu'une
assiette. Instantanément nous baptisâmes son
compagnon, fluet et malingre, du nom de Vulcain, et puisque aussi bien nous étions dans le
pays des souvenirs antiques, nous nous rendîmes
compte que le pope ne devait point s'appeler
autrement que Jéhovah et son fils Jean-Baptiste.

A grands efforts nous parvînmes à extirper
de deux ou trois bûches mouillées une appa-
rence de flamme, qui nous servit à chauffer
les conserves venues de France ; mais la pluie
et la bise, badinant au dehors, rabattaient
dans notre cahute une fumée qui nous piquait
les yeux et répandit sur notre nourriture le
goût des viandes boucanées.

Deux vieilles caisses, échouées je ne sais comment en péninsule de Chalcidique, et portant, l'une les inscriptions d'un industriel américain, l'autre celles d'un fabricant de Leipzig, nous servirent de table : nos sièges n'étaient autres que des pardessus et couvertures roulées ; quand nous eûmes pris place autour du festin, nous ne pûmes nous tenir de nous égayer de notre ingéniosité et du spectacle. Avec Jéhovah et Jean-Baptiste dans leur coin, la table-caisse et nous quatre tout autour, Mercure et Vénus faisant le service, la chambre était absolument pleine. De temps à autre une bouffée de vent glissée par les trous du mur éteignait l'une ou l'autre bougie ; par les fentes du toit, quelques gouttes de pluie malicieuses ne manquaient point de s'introduire dans une manche ou dans un cou. Au dehors la brise ronflait, et le cochon poussait des grognements plaintifs... Nos deux hôtes nous regardaient manger. Quoique je connaisse le genre de nourriture habituelle aux pays perdus, et plus particulièrement à ceux de la Grèce, je ne croyais point que des plats si simples et aussi enfumés pussent exciter

autant de convoitise chez des êtres humains.
Aucune impassibilité ne subsistait plus sur le
visage du pope ni de son fils. Ils souriaient,
tendaient le cou, mais leur fierté les empêchait
de rien dire. Cependant, lorsque nous com-
mençâmes à découper un pain de munition,
doré sur sa panse, poudré sur son plat, et
qu'ils virent la belle mie blanche apparaître
sous le couteau, ils n'y tinrent plus, avan-
cèrent la main et proférèrent une parole de
supplication. Nous comprîmes alors la misère
de ce pays-ci. Le pain, cet aliment qui pour
nous va de soi, accompagne tous nos repas et
que nous gaspillons, le pain était pour cés
deux hommes, les plus riches du canton, objet
de luxe et ambroisie.

Nous leur en donnâmes, et dès lors ils se
persuadèrent que nous étions tout à fait amis.
Ils le mangeaient à petits coups, le rompaient
par pincées, et le mâchaient très longtemps
pour en savourer le goût. Nous leur offrîmes
une portion honnête de toutes nos victuailles,
sardines, poulet froid, fromage et confiture ;
nous leur laissâmes à chacun une demi-bou-
teille de vrai vin de France, mais ils dédai-

gnaient ces fades richesses et s'appliquaient avec volupté à leur tranche de pain.

A la fin du repas, tandis que les deux matelots débarrassaient les caisses et disposaient nos couvertures, nos hôtes eussent bien voulu nous offrir si peu que ce fût en échange de nos gentillesses, mais ils ne possédaient guère. Le père nous proposa ses tapis, qui nous semblèrent suspects : il parut ennuyé de notre refus poli. Devant cette obligeance, je l'entraînai dans la grange séparée par un orifice du mur et où nos deux matelots achevant leur repas se préparaient à dormir sur la paille et les sacs de grains. L'abri semblait convenable à l'enfouissement de caisses d'essence et d'huile et je m'évertuai à expliquer à Jéhovah que j'avais l'intention d'utiliser ce magasin. Saisit-il ou non la teneur exacte de ma requête, je n'en suis pas sûr, mais il acquiesça par un grand sourire, et je lui mis dans la main un billet de vingt drachmes, prix de location. Savait-il à quelle nation j'appartiens : Français, Anglais, Allemand ou Turc? L'uniforme des marins n'est guère différent dans les diverses marines, nous avions essayé tous les

langages connus de nous, il n'en comprenait
aucun...

Peut-être, huit jours auparavant, des officiers de sous-marins germaniques étaient-ils
venus dans ce port et y avaient-ils préparé
quelque œuvre secrète; peut-être en viendra-
t-il dans quinze jours, qui utiliseront cet affût
naturel pour opérer dans la mer Égée. Allemands ou Français, c'est tout un pour le pope,
pour les humbles de ces îles et presqu'îles
éloignées de la guerre par l'ignorance et par la
pauvreté. En échange de vingt drachmes, de
moins peut-être, ils acceptent, sans savoir,
d'abriter munitions et combustibles. Rien de
cela ne signifie duplicité ni trahison; ils sont
miséreux, manquent de tout, et les grands
devoirs ne tourmentent point leur esprit. Une
pièce d'argent satisfait leur conscience...

Lorsqu'on a vu de telles scènes, qu'on en
est l'acteur, comment s'empêcher de sourire
aux anathèmes diplomatiques émanés des capitales lointaines, rédigés par des ministres
pourvus de toutes aisances, quand ils font
grief à tel gouvernement de l'aide temporaire
prêtée par ses sujets à nos ennemis de la

mer?... Ce qu'ont pu faire quatre Français, n'importe qui pourra le faire et l'a fait. Si l'on veut empêcher que nos adversaires usent de semblables commodités, il ne s'agit point de tourmenter un gouvernement qui ignore, en des cantons perdus où n'atteignent ni le télégraphe ni les routes, ni les journaux, les actes d'un paysan, d'un pêcheur ou d'un pope, mais plutôt d'y acquérir la force et le contrôle. De la sorte, nous ne serons point exposés à ces réponses étonnées, à ces dénégations, qui parfois sont hypocrites, mais qu'en vraie justice on ne peut pas toujours condamner.

Tant bien que mal, nous nous disposâmes pour la nuit. Deux bûches furent posées au foyer, les bougies encastrées dans le mur s'éteignirent, et nous nous roulâmes dans nos couvertures sur la terre battue où la pluie indiscrète formait déjà de petits ruisseaux de boue. Le pope et son fils s'allongèrent l'un contre l'autre sur leurs tapis, serrant dans leurs doigts un morceau de pain destiné sans doute, au réveil, à continuer le rêve agréable de leur festin. Nos deux matelots se glissèrent dans la

grange où bientôt retentirent des ronflements
sonores, et nous quatre, sous la clarté lar-
moyante de notre bougie-lustre, essayâmes de
dormir. Je n'affirme pas que nous y parvînmes. Chacun, selon sa position, souffrait
un martyre différent. Après une heure ou
deux, une vigoureuse odeur de brûlé nous
émut tous, en même temps que la cascade de
jurons proférés par celui dont les pieds étaient
trop près du feu : une bûche avait glissé sur
ses chaussures, son talon rôtissait... Un
deuxième passa toute la nuit à boucher les
interstices de la porte par où folâtraient des
vents coulis et glacés : il n'y réussit pas, ne
dormit pas davantage, et vers trois heures du
matin, secoué par des éternuements qui nous
firent protester de façon violente, s'en fut au
dehors donner de l'air à ce rhume bruyant...
Le troisième recevait en plein visage la fumée,
les cendres et flammèches repoussées de l'âtre
par le vent... Quant à moi, que le hasard avait
étendu à l'endroit le plus bas de ce parquet mon-
tueux, une infiltration d'eau gagna mes épaules,
s'inséra dans mes reins et stagna dans mes
chaussures. Le niveau en crût jusqu'au matin.

Assez défaits et de mauvaise humeur, nous nous levâmes aux premières grisailles de l'aube et, autour du puits, fîmes quelques ablutions d'eau glaciale. Tout à fait amicaux, mais sans y prendre part, le pope et son fils contemplèrent ce manège. Chaque instant de lumière plus blanche montrait le prêtre plus majestueux et plus sale. Dans son logis, il n'y avait pas un morceau de savon. Nous lui laissâmes le nôtre. Il le conservera sans doute comme pièce de musée.

Entre temps, nos deux matelots avaient rapporté notre bagage jusqu'au torpilleur où ils avaient pris quelques bidons d'essence et d'huile. A leur retour, nous creusâmes un grand trou dans la paille de la grange et y enfouîmes ce combustible. Le pope ne fit aucune objection. J'essayai de lui expliquer que bientôt, par la voie des airs, quelqu'un viendrait lui demander usage de cette essence, il hocha la tête plusieurs fois en signe d'assentiment. Au moment de partir, je lui confiai la moitié d'une de mes cartes de visite, dont je gardai l'autre, et par une mimique expressive, lui fis entendre qu'il ne devait point donner accès dans la grange à quiconque ne lui présenterait pas la moitié de carte que je conservais et qui se rajusterait exactement à la sienne. Il comprit fort bien, nous accompagna jusqu'au bord de l'eau où nous prîmes place dans le youyou. Tout droit, sa barbe blanche étalée sur son poitrail, il nous fit un geste de la main qui pouvait être un au revoir ou une bénédiction. De l'autre, il tenait ma demi-carte de visite, seul traité qui nous liât.

A peine avions-nous ramé quelque distance vers notre torpilleur que sa femme apparut soudain; elle n'avait plus peur de nous. Mais le pope lui tendit quelque chose, que, dans la jumelle, je reconnus pour mon billet de banque de vingt drachmes. Elle s'en empara prestement et voulut agripper en outre ma demi-carte de visite, mais le pope s'y refusa.

Quelques instants plus tard, le torpilleur sortait à toute vitesse par le goulet de l'anse sur la mer devenue calme, et pointait vers l'est, plus loin de Salonique, jusqu'au golfe du mont Athos, où nous avions dessein d'étudier un troisième poste de relais. La matinée était charmante. Naviguant à petite portée de la côte, nous apercevions des bois d'oliviers, des champs de jacinthes et d'asphodèles. Vers le large, au milieu d'une atmosphère blonde, apparaissaient des îlots et des caps très pâles sous le soleil clair. Des oiseaux aquatiques filaient et se balançaient autour du torpilleur : ils semblaient pimpants et fringants. Notre pavillon claquait sec, les hommes de l'équipage devisaient en riant, fumaient des pipes ; le chien aboyait de l'avant jusqu'à l'arrière ; et dans le kiosque de commandement, les yeux sur la carte, nous surveillions les méandres de la côte et apprenions les noms des collines.

Après cinq ou six heures de navigation, nous atteignîmes, au fond du golfe formé par le deuxième et le troisième doigt de la Chalcidique, les parages que nous cherchions. C'est un port abrité du large par un collier d'archipels déserts, entre les îles de quoi se dissimulent des récifs et des écueils à fleur d'eau. Il fallut quelque prudence pour découvrir l'entrée favorable de cette baie, dont l'hydrographie est encore sommaire. Mais une fois parvenus sur la nappe d'eau limitée d'une

part au rivage et de l'autre à ce chapelet d'îlots
si bien fermé qu'on ne voyait plus la haute
mer, pas un bruit, sauf celui de quelques
hérons ou de coqs d'eau dérangés par notre
venue, ne troubla le merveilleux silence où le
mont Athos, tout nuageux, formait sentinelle
lointaine. A tout prendre, nous pouvions nous
imaginer en voyage d'exploration dans un pays
où personne n'eût encore abordé. Cependant,
à mesure que le torpilleur s'approchait de la
rive, lentement, à la recherche du meilleur
mouillage, des signes clairsemés d'existence
humaine se manifestaient à terre. Une fumée
entre les arbres formait colonne grisâtre dans
l'air blanc; à mi-coteau, deux ânes minuscules,
portant une charge plus grosse qu'eux, trotti-
naient devant un gamin; au milieu de la plage
que nous avions propos de visiter, une bâtisse
faisait tache sur le fond des marais et de verdure.

Après avoir mouillé si près de la côte que
nous voyions sur le fond les algues et les lianes,
nous débarquâmes en dix coups d'avirons.
Quelques hommes de l'équipage, autorisés à
se dégourdir à terre, s'en furent chasser dans

les marécages ou pêcher au bord d'une lagune séparée de la baie par un fin pédoncule de sable. D'autres flânaient au hasard, mâchonnant des brindilles, cueillant des fleurettes, et se souvenaient, dans cette solitude agreste, des bruyères de Bretagne ou du maquis de Corse.

Avec mon ami l'aviateur terrestre, nous parcourûmes la berge, les terrains plats qui se trouvaient derrière elle, et entrâmes dans cette bâtisse déserte où il nous paraissait judicieux de prévoir un logement de personnel et de matériel. Dans la grande salle centrale et fraîche, s'élevaient la maçonnerie solide d'un moulin à huile, la grande roue de chêne au pignon oblique, les réservoirs de pierre et les cuves cerclées où se dépose le suc de l'olive. Quelques outils gisaient à terre. Sur le pourtour, plusieurs réduits, magasins ou chambres obscures, nous semblèrent propres à une installation d'ateliers et de dépôts. Cela sentait un peu la pourriture aigre des demeures abandonnées depuis longtemps, mais un bon lavage et de l'entretien en pouvaient faire une habitation convenable. Après quelques recherches, nous découvrîmes la source d'eau potable nécessaire aux agglomérations humaines ; elle glissait paresseusement entre deux lèvres de terre garnies de mousse et de petits cailloux blancs.

Ces avantages, joints à l'égalité du terrain et à la sécurité de la rive protégée contre la houle par son archipel d'îlots, nous décidèrent à suggérer en ce lieu non seulement un relais d'aéroplanes, mais un vrai centre secondaire, avec hangar, rapprochant l'aviation maritime et terrestre des côtes bulgares et des îles de la mer Égée. Nous souvenant des dimensions de hangars, mon ami et moi prîmes mesure de la plaine herbeuse. Le problème consistait à caser le hangar futur entre la plage, le bord du lac intérieur et une sorte de ravin creusé par l'écoulement des eaux de celui-ci vers celle-là. Par de nombreux arpentages systématiques, nous essayâmes d'orienter successivement le hangar dans diverses directions, de manière que son ouverture fût à peu près tournée vers la plage et que son autre bout ne tombât point dans le lac. Enfin, l'on découvrit l'encastrement idéal. Quelques branches coupées et taillées en pointe par des matelots nous servirent de piquets marquant les quatre angles du hangar; d'autres piquets tracèrent le chemin des aéroplanes jusqu'à la plage, où nous plantâmes deux poteaux solides pour indiquer le point d'atterrissage. Il était prudent de prendre ces précautions. En temps de guerre, rien n'assure que ceux qui font les recherches sont les mêmes qui réaliseront l'œuvre; si l'on doit installer cette station, les officiers chargés de la besogne n'auront point à recommencer la nôtre.

Les croquis pris, les renseignements assemblés, nous rappelons tous les promeneurs. Pendant nos recherches, des coups de fusil ont retenti un peu partout, éveillant l'écho de cette solitude, mais les oiseaux aquatiques, effarouchés et subtils, ne se sont guère laissé approcher. Les pêcheurs ont été plus heureux; à bord, une friture frétillante, assez plantureuse pour satisfaire trente appétits robustes, orne la table de l'équipage et celle des officiers; trois maigres oiseaux, difficiles à découper, sont les seules victimes du plomb; nous les dégustons néanmoins et les arrosons, comme s'ils étaient faisans ou poulardes, parce que l'air vif et la marche nous ont donné bon appétit. Entre temps, le torpilleur se faufile dans le réseau des roches et pique allégrement vers le golfe.

Il nous eût été fort agréable d'étudier, sur la presqu'île du mont Athos, un relais d'atterrissage et d'opérations aériennes. Mais cette presqu'île est le domaine des innombrables moines et ermites de la religion orthodoxe. Pour l'instant, les puissances alliées ne veulent pas exiger de ces hommes pieux une hospitalité qui peut servir à des desseins de guerre. C'est dommage. La patiente industrie des moines a ménagé sur le pourtour de la presqu'île un grand nombre de petits ports, pourvus de maintes commodités absentes des trois lieux que nous venons de parcourir. Leur usage sera peut-être conseillé par les événements futurs de la guerre, mais aujourd'hui nous ne devons point y penser.

Toutefois, comme le torpilleur ne cale guère et ne court aucun risque à longer le rivage presque à portée de la main, nous décidons de côtoyer le versant ouest du mont Athos et, avec la carte, le crayon, les appareils photographiques, d'y recueillir tout ce qui peut parfaire nos études et en même temps réjouir nos yeux. Il n'est pas habituel de pouvoir approcher ce bijou mystique de l'Orient.

Nous commençons à rejoindre l'isthme qui le rattache au continent et ne fait pas encore partie du domaine des religieux. Oliviers, pâturages et vastes étendues incultes y offrent le panorama coutumier de toute la Chalcidique. Sur mer voguent des barques paresseuses ; leur carène trapue, leur mâture inclinée, leurs voiles latines, leurs équipages bariolés forment un prélude aimable au décor des monastères. De-ci, de-là, quelque bourgade maritime accotée sur un îlot montre ses architectures vieillies et de dessin primitif ; leurs couleurs sont atténuées par le lavage séculaire des pluies et du grand soleil ; de nombreuses barques au repos, pressées comme en un bercail, y dressent leurs mâts minces et nus qui forment au-dessus des toitures une herse de paratonnerres oscillant à la houle.

L'on voudrait atterrir en ces havres si délicieusement situés, et exposés à la lumière avec tant de douceur qu'on imagine que leurs habitants connaissent une des formes les plus agréables du bonheur. Là, personne ne doit s'attarder aux horreurs des batailles, aux problèmes diplomatiques, aux cruels dilemmes qui tourmentent la France et tant d'autres pays. Depuis notre départ de Salonique, nous avons acquis une sorte d'équilibre, un goût de vivre simplement, qu'aucun de nous n'avait éprouvé depuis de bien longues saisons ; quelques heures passées dans l'un de ces petits ports amicaux seraient une escale de repos et raviveraient l'entrain des prochaines tâches. Mais il faut poursuivre. Demain et après-demain préparent d'autres travaux. Déjà le torpilleur a dépassé la muraille, construite en travers des ravins et collines, qui sépare du monde civilisé la presqu'île des monastères. Dès lors, tous debout du même côté du navire, nous contemplons.

Tout d'abord, cette province orthodoxe n'est qu'un amas de futaies, de maquis et de broussailles vert sombre dont le silence religieux semble mieux isoler de l'univers profane le peuple des prières orthodoxes. Nous sommes si près du rivage qu'un appel de voix nous parviendrait, roulant sur l'eau, comme au travers d'une rue ; mais personne n'apparaît sur la côte rocheuse où quelques pins et oliviers, penchés vers l'onde, sont les seuls riverains de cette berge déserte. A toute vitesse, nous passons ces parages nus, et notre sillage heurtant la roche éclabousse les racines des arbustes. Tout notre ciel est envahi par la masse du mont Athos, dressée comme un monolithe ceint de nuages immobiles. Son corps est piqueté de petites taches blanches que chaque tour d'hélice nous montre plus distinctes et en plus grand nombre. Ce sont les ermitages de solitaires, fichés parmi les éboulements et les semis de roches. Du sommet, descendent et s'élargissent vers la mer des vallons qui s'abandonnent avec douceur à l'eau calme. Chacun de ces creux, bien abrité par deux murailles de collines, recèle un des sanctuaires de la religion orthodoxe. Il faut dépasser le cap qui limite le vallon avant de découvrir son trésor, de même qu'en feuilletant un missel il faut tourner une page pour admirer l'enluminure de la suivante.

Brusquement, en une ou deux secondes, un couvent se dégage de l'arête qui le cachait.

C'est le premier, c'est le dixième… La même stupeur ravie salue son apparition. Il est placé juste où il faut ; son style, son allure ne peuvent pas être conçus autrement. On oublie les autres, on dédaigne les prochains : celui-ci est le plus achevé. Huit étages de fenêtres remplissent sa structure carrée, blanche et patinée de roux. Le dernier était vieil or, un troisième verdâtre. Le miroir de leur petit port réfléchit sans déformation leurs étages supérieurs. Les uns sont nus comme des cités ouvrières ; d'autres tristes et tourmentés comme des castels à pignons, créneaux et bastilles ; beaucoup portent un fouillis de balcons, d'auvents et de logettes ajoutées et surajoutées à leur façade : tous sont énormes et peuvent contenir une fourmilière de prêtres.

Mais les volets verts sont clos, et aucun homme ne paraît aux fenêtres. Lorsqu'il y a quinze mois les hasards de ma croisière m'avaient conduit au pied du mont Athos, une multitude de moines et de séminaristes étaient descendus sur la rive pour saluer notre passage ; depuis lors, la guerre a touché successivement tous les peuples balkaniques et vidé les monastères russes, serbes ou bulgares. Appelés aux armées, les prêtres orthodoxes ont porté parmi les soldats les consolations humaines et les prières divines.

Désormais, chaque détour du rivage dévoile un nouveau couvent. Ils ceignent le mont Athos comme les nombreuses chapelles de saints entourent la nef d'une cathédrale. Voisins et solitaires, ils sont cependant séparés par une vertèbre de collines, un torrent, une traînée de pierres. Sur le champ commun de leur croyance, chacun s'adjuge un petit canton, dont les prières et la doctrine ne sont point celles du voisin. Ils forment des alvéoles de sainteté, où, par des chemins secrets, aboutissent les catéchumènes de la sainte Russie, de la grande Bulgarie, de la vieille Serbie, de la Grèce. A l'extrémité de cette péninsule aussi muette qu'un astre mort au milieu du ciel, des millions de prières préparent le salut des frères lointains qui sont demeurés aux campagnes et dans les villes. Quelques-uns de ces prêtres, saisis par un besoin de piété active, retournent parmi les foules dont ils deviennent les apôtres. Mais

presque tous, anesthésiés par la langueur de
la béatitude religieuse, demeurent là, jusqu'à
ce que leur barbe s'argente, que leurs muscles
se durcissent, et meurent à l'ombre du grand
monastère d'exil où le marmottement de leurs
lèvres est devenu leur seul effort. S'ils ont
employé leurs mains à d'autres besognes que
l'égrènement du chapelet ou la lecture de très
vieux évangiles, ils auront cultivé un carré de
terre ou posé les moellons d'un nouvel étage,
destiné aux futurs néophytes de cette Thébaïde
des prières. L'effort de cette lente construction, poursuivie depuis des siècles, ennoblie
par la lenteur et le dessein d'éternité, a produit d'extraordinaires maçonneries.

Certains monastères, surplombant la falaise
d'un précipice, s'étagent sur un prodigieux
mur de soutènement au sommet de quoi
grimpe un amoncellement d'étages qui franchit la ligne des sommets et raye le ciel d'une
grande ligne droite. Cela ressemble vraiment
aux châteaux forts des seigneurs brigands du
moyen âge et, pas plus que les manants ne
pouvaient assaillir ceux-ci, de même les pensées profanes ne savent point envahir ces don-

jons mystiques bâtis entre deux aires. D'autres, plus accueillants, dressent leur sanctuaire sur le bord de la plage. La multitude de leurs fenêtres reçoit le grand air et l'azur du large; en chaque cellule, un homme prie, dort et meurt. La confrérie entretient une flottille de petites barques, où pieusement elle va, aux moments de loisir, ramer quelques heures et s'abandonner au charme de vivre à pleins poumons.

Sur notre passage, quelques-uns de ces canots, chargés de prêtres vénérables, de ceux qui ne sont point aux armées russes ou balkaniques, viennent nous saluer. Ils tendent vers nous leurs mains gourdes et leurs bénédictions tremblantes; leurs voix fluettes interpellent notre course rapide, nos appareils photographiques les saisissent à bout portant. Quand nous sommes passés, les vagues de notre remous secouent les esquifs, et tous ces vieux prêtres, dressés pour nous faire honneur, tombent comme des quilles noires sur les bancs, parce que leurs genoux débiles ne peuvent se maintenir au tangage.

Le joyau du mont Athos apparaît. C'est le

Pantéleimôn, palais entretenu par la piété des boyards de Russie et des moujiks de la steppe. Sur la formidable étendue qui couvre le monde entre l'Allemagne, les mers du Japon et le plateau du Pamir, chaque minute et chaque messe donnent quelques kopeks ou quelques roubles dont le torrent vient dorer les toits, émailler les coupoles et enluminer les contours du couvent fastueux. Il a choisi comme site d'élection la vallée la plus vaste et la plus fertile de cet étroit mont Athos. C'est un Kremlin transplanté des plaines de Moscou et posé, vert, or et rouille, entre deux brunes collines d'Orient. Tout ce que filtrent de lumière les réseaux de la brume et des nuages vient se poser avec bonheur sur ces couleurs religieuses, et les reflets en constituent le vêtement de cour de ce prince des monastères. Une ville de maisonnettes, d'étables et de granges environne ce sanctuaire digne de recéler les plus somptueux ouvrages que l'orfèvre peut rehausser de diamants et l'artiste revêtir d'or et de vermeil. Son port est de pierres solides ; quelques bouées, semblables à celles des grandes rades, servent d'amarrage aux navires et, de même qu'aux époques de grands brigandages et de foi tourmentée les seigneurs du moyen âge allaient à Jérusalem échanger contre le pardon la moitié de leurs rapines, de même les princes et boyards russes doivent aborder ici, sur des yachts luxueux, et déposer les trésors de leur aumône comme un mur entre leurs crimes et le châtiment.

Combien sont-ils, ces monastères surprenants où jamais ne pénètre une femme ni le moindre être féminin ? Faut-il croire qu'aux provinces orientales les tentations de chair et de plaisir aient encore plus d'attrait ou de violence que dans nos pays occidentaux, puisque les législateurs du mont Athos n'ont point offert aux ouvriers de la rédemption orthodoxe le spectacle de la fécondité des animaux ? Serions-nous donc, en dépit de nos perversités, mieux armés contre les diableries du malin ? Les censeurs de la discipline catholique n'interdisent pas aux ordres les plus stricts de recueillir des œufs, de traire le lait ou d'élever des agneaux. Ces paisibles jouissances, qui peuvent rappeler le péché originel, sont refusées aux moines du mont Athos. Et ce n'est point leur faute si les insectes, les papillons et les abeilles aux noces éphémères n'ont point évacué cette péninsule de la stérilité.

Loin des palais comblés de donations et de richesses, végètent sur le mont Athos des hommes plus simples et recueillis, héritiers des ascètes de la vallée du Nil ou du Jourdain : ils dédaignent les agréments de la communauté et le confort des murailles épaisses. Toute la pointe sud du mont Athos, celle qui regarde l'infini de la solitude marine et n'a d'autres voisins que les îlots perdus sur les flots bleus de la mer Égée, tout ce versant est peuplé de solitaires. Ils vivent sans parole, sans compagnons, et rachètent par le renoncement suprême les erreurs de leurs frères ou les fautes de leur jeunesse. Ils se cachent en des pigeonniers, des nids de montagne, des trous dans la roche suspendus sur des récifs aériens, sans qu'on devine comment y accéder, soit d'en haut, soit d'en bas. Si près que nous soyons du rivage, il nous faut du temps et de l'attention visuelle pour distinguer, entre deux grains de pierre, la niche de tel réprouvé d'Ukraine, de Bessarabie ou des Balkans.

Les uns se sont accrochés à l'extrême pointe d'un roc ; là, devant le gouffre du précipice, ils attendent que la mort vienne les pousser dans le néant que leurs yeux se sont usés à contempler. Un autre a trouvé son dernier asile dans une aisselle montagneuse ; il ne communique avec le monde extérieur que par une longue échelle de corde, qui frôle la terre solide à quelque cent mètres au-dessous. Quelques-uns, attirés sans doute par le mirage de l'onde, plantent sur la muraille de la falaise des pieux joints par plusieurs cloisons de branchages et de chaume ; semblables aux oiseaux marins qui ne connaissent que le vide de l'eau, le vide de l'atmosphère et le vide des granits battus par le vent, ces hommes sont murés pour toujours dans leur station vertigineuse d'où ils ne pourraient s'évader qu'en brisant leurs ongles et déchirant leurs genoux. Ils sont scellés dans le grand air plus sûrement qu'en un cachot, et, entre eux et l'univers, il n'y a d'autre trait d'union qu'un panier quotidien contenant quelques fèves, une cruche d'eau, que quelque main pieuse fait descendre par une corde le long de la falaise.

Pensent-ils, lisent-ils, prient-ils? Nul ne le sait qu'eux-mêmes et le grand Dieu, leur seul créancier. Peut-être ces cerveaux dégagés de toute inquiétude terrestre poursuivent-ils des rêves inconnus et supérieurs aux orgueilleuses hésitations de notre science, de notre esprit et de notre cœur. L'on ne sait s'il faut plaindre, admirer ou envier ces fakirs orthodoxes qui ne conçoivent d'autre but avant la mort que l'immobilité des yeux, de la bouche et des muscles.

Le soir descend sur cette dernière vision du mont Athos dont le torpilleur éloigne et réduit le spectacle mélancolique. A mesure que nous piquons plus au large, vers la pointe de Kassandra, la cime du mont se recouvre de brumes plus épaisses; ses neiges s'assombrissent et tout cela s'endort dans le crépuscule grisâtre. Nous tous Français, fils de la patrie vibrante qui a jeté dans la bataille tout son sang et toute sa vie, nous demeurons silencieux. Tandis que le mont Athos s'écrase sur l'horizon et que notre étrave plonge dans les embruns de la nuit, nous nous demandons s'il ne vaut pas mieux être des Français de France, au risque de mourir de cette guerre, plutôt que des moines du mont Athos au risque de mourir sans avoir vécu.

Rejoignant Kassandra, nous y apprenons qu'un sous-marin ennemi a été signalé pendant le jour et guette probablement l'ouverture du golfe de Salonique.

Déjà les hydravions de Salonique ont fait de longues patrouilles sans rien découvrir. Deux d'entre eux sont venus atterrir à Kassandra et se préparent, dès demain matin, au petit jour, à accomplir une randonnée : l'un vers le golfe de Volo, l'autre vers le mont Athos, et, si c'est possible, jusqu'aux côtes bulgares. J'escomptais une nuit tranquille, après ces nombreuses heures de voyage et ces promenades fatigantes à terre ; mais il est possible que le sous-marin, pendant l'obscurité, cherche abri dans la péninsule de Chalcidique ou bien se ravitaille en quelque cachette établie auparavant. Nous décidons de faire, sur le torpilleur, une exploration complète jusqu'à Port-Koupho. Fatigués, deux de mes compagnons descendent à terre et s'y installent pour la nuit. Aussitôt l'ombre venue, je pars avec mon ami l'aviateur militaire.

Le temps s'est rasséréné. La houle des jours précédents a fait place aux ondulations lentes et longues d'une tempête qui s'éteint. Dans le ciel purifié, la lune splendide sème des clartés blanches qui argentent d'un côté les cimes de l'Olympe et de l'autre le mont Athos. Sous la brise devenue très faible, la fumée du torpilleur monte presque droite jusqu'au ciel. L'on y voit très bien et très loin. La mer est complètement vide. Nous longeons à petite distance les côtes de la péninsule de Chalcidique. Il y a tant de clarté dans l'atmosphère que nous croyons distinguer les couleurs des prairies, des oliviers et des champs de fleurs éclairés par la lune. Cela forme un tapis obscur à dessins visibles, bordé de jaune très pâle par le liseré des plages et ourlé d'écume fine. Le silence est absolu. L'on n'entend que le bruit des pistons de la machine, étouffé par les cloisons de métal, ainsi que la palpitation de l'hélice enfouie dans son chemin d'eau. Sur le pont ne demeurent que le commandant, le veilleur et nous deux, l'un à bâbord, l'autre à tribord, qui fixons l'étendue avec nos yeux et nos jumelles.

Pour moi, c'est le renouveau des longues croisières de l'Adriatique, de la mer Ionienne et de l'Égée. Je retrouve les impressions fortes et évasives de cette veille contre les sous-marins, où la crête d'une lame ressemble au sillage d'un périscope et les taches d'ombre entre deux rouleaux de houle à la coque noire d'un sous-marin... Pour mon ami l'aviateur terrestre, c'est une révélation. Il comprend l'œuvre des nuits, des jours, des mois et des saisons maritimes, la surveillance des flots par les navigateurs qui ne voient rien et tout d'un coup sont noyés dans l'abîme sans connaître d'où vint la torpille. A voix basse, il me transmet ses impressions, en paroles brèves, presque en termes de métier, car il est impossible de vivre quelques heures ce que tous les marins vivent depuis l'origine de cette guerre, sans éprouver leurs mêmes illusions, leurs espoirs et leurs erreurs passagères.

Vers minuit, nous atteignons le Port-Koupho. Cette anse est propice à l'embûche, au repos d'un sous-marin, et il nous paraît nécessaire de la visiter. Par le goulet étroit, le torpilleur se faufile entre les deux promontoires. A l'intérieur, l'eau est calme à en paraître gelée ; tout autour, les collines et les arbres se reflètent dans ce miroir, exactement renversés ; la transparence de l'eau est si parfaite que l'on distingue au fond les veines végétales, les plateaux de sable et de cailloux. Comme un félin qui arrondit lentement sa cage, le torpilleur longe le bord sinueux du havre ; au fond, il passe en silence parmi les barques de pêche, immobiles et endormies, et tellement rapprochées l'une de l'autre que leur beaupré surplombe notre cheminée comme nous passons. Le remous de l'hélice les secoue tout doucement ; les pointes des mâts font une danse muette qui les rapproche et les éloigne ; un chien aboie ; deux hommes nous appellent, mais nous sommes déjà loin et côtoyons la plage de sable, de roseaux et de marais. Le petit ruisseau coule avec paresse et transporte des reflets de lune ; éveillés dans leurs logis humides par le bruit étouffé de notre présence, quelques oiseaux volettent et poussent un cri; la maison du pope, où sont enfouies nos provisions d'essence et d'huile, ne montre aucune lumière et demeure enveloppée dans l'innocence du sommeil. Après un détour vers l'autre extrémité du port, si bien enfoncée dans ses collines que pendant quelques minutes nous naviguons dans leurs ombres qui nous cachent la lune, nous ressortons à grande vitesse. Rien n'est suspect en cet abri, où, dans quelques secondes, l'eau reprendra son calme gelé, l'air perdra jusqu'aux traces de notre fumée, les oiseaux et les barques dormiront jusqu'au lever du jour.

Sur le chemin inverse, nous reprenons la patrouille le long des rivages. Les feux qui paraissaient à l'aller se sont éteints. Tout repose profondément; les couleurs obscures de la terre et de la végétation semblent plus atténuées sous la lune qui descend. Il est environ deux heures du matin, et nous devinons que notre exploration sera inutile, car l'univers semble de plus en plus plongé dans le mutisme : nous seuls sommes éveillés.

A mi-hauteur de la terre élevée que nous

longeons, paraît soudain un feu qui s'allume et se cache à intervalles irréguliers. C'est la seule chose lumineuse, vivante, sur tout notre horizon. Dans ces parages aux îles nombreuses et aux côtes découpées, de tels feux servent aux sous-marins du large pour communiquer avec leurs espions terrestres. Lorsque tout est endormi, et que les yeux des gardiens de la mer sont fatigués, s'allument sur les terres des signaux qui dirigeront, le lendemain, la besogne du sous-marin attentif pendant la nuit. Chaque chose doit être suspecte qui n'est point tout à fait normale.

En face de ce feu, le torpilleur s'arrête près du rivage ; on met à l'eau le youyou ; armés de nos revolvers, munis de lourdes capotes, mon ami et moi nous dirigeons vers le rivage. A l'approche de la côte, la mer heurtant le fond des roches crée un remous qui nous roule sur les galets, nous retire et risque de nous faire chavirer. Sautant à l'eau pendant une accalmie, nous franchissons la ligne des galets, les traînées de varech pourrissant, et rencontrons un champ d'asphodèles qui nous sépare de la lumière suspecte. Ce champ nous paraît exigu, et nous nous engageons imprudemment sur sa surface tourmentée; bientôt nous sommes perdus dans un océan de tiges et de corolles qui ondoient avec douceur sous les faisceaux lunaires. Une odeur fine, presque sépulcrale, monte de cette infinité de pétales qui sommeillent; cela est si beau, si étrange, que nous sentons à peine la fatigue et la chaleur de notre marche cahotée. Tout autour de nous se posent des ombres de collines, avec leurs arbres givrés de lignes d'argent par les rayons de la lune; derrière nous, la mer miroite sous l'astre qui y fait une longue colonne toute blanche; à droite et à gauche les neiges endormies aux sommets de l'Olympe et du mont Athos luisent à mi-ciel : on ne voit point leur support.

Ayant peiné, admiré, et enfin parcouru le champ, nous atteignons le feu suspect. Sur une petite clairière, parmi les oliviers, trois jeunes pâtres, vêtus de peaux de mouton, se chauffent devant un foyer de bois odorant, et babillent. Ils sont stupéfaits de notre irruption subite. La terreur les redresse. Le plus jeune s'enfuit dans un enclos que nous n'avions pas vu, et où une centaine de brebis, d'agneaux, dorment pressés les uns contre les autres : leur respiration forme un léger brouillard tiède, d'odeur un peu forte, qui se mélange en perfection aux parfums de la nuit. Éclairés en dessous par les flammèches de leur foyer, les pâtres sont pittoresques à l'égal des héros de Virgile. L'un d'eux a des formes efféminées, un visage ambigu et de longs cheveux bouclés : l'on ne peut affirmer qu'il soit fille ou garçon. Rassurés par nos gestes, ils nous offrent place, ne posent aucune question, et paraissent aussi peu curieux que tous les Grecs que nous rencontrons depuis quelques jours. Nous figurons des hôtes inattendus et courtois auxquels ils présentent leur gourde d'eau pure, leur fromage sec et leur galette. Pendant quelques minutes, pénétrés par le charme de cette bucolique. nous buvons quelques gorgées et mangeons au milieu de la nature délicieuse de trois heures du matin. En gratitude de l'offrande et de notre plaisir, nous laissons plusieurs pièces blanches et abandonnons ce bercail d'agneaux, cette dînette d'adolescents primitifs et de bon accueil. Ils veulent nous accompagner, se chargent de nos armes et de nos manteaux devenus trop lourds ; nous traversons à nouveau le champ d'asphodèles, déjà plus humide à l'approche de l'aube. Sur le bord de la plage où le youyou attend, les trois pâtres nous aident ; ils sont simples, dignes et souriants ; de bonnes poignées de mains s'échangent et quelques instants plus tard la distance s'agrandit d'eux à nous.

La lune se rapproche du sommet du mont Olympe qu'elle recouvre d'un ruissellement blanc. Au lever du jour nous sommes rentrés dans la baie de Kassandra. Les deux hydravions vont repartir pour la patrouille journalière. Après quelques heures de repos, le torpilleur fait route pour la côte occidentale du golfe de Salonique, afin d'y étudier un autre poste pour l'aviation maritime.

Au pied du mont Ossa, ce petit port de pêcheurs s'appuie d'un côté sur les dernières pentes de la montagne et de l'autre à une plage couverte de varech et d'algues sèches. Un wharf minuscule de planches déclouées et branlantes forme l'abri où accoste notre youyou, tandis que le torpilleur au mouillage oscille doucement parmi des tartanes et des boutres. Ici nous ne sommes plus hors de toute civilisation. La grande route de Salonique à Athènes passe à quelque distance ; le pays est cultivé ; des industries simples y prospèrent ; le port obéit à un syndic galonné d'or, qui fait diligence pour nous recevoir. Un grand mouvement de curiosité se manifeste sur la petite placette où nous avançons, à l'ombre de quelques oliviers fort gros, qui peut-être abritèrent jadis les compagnons d'Alexandre et les barons des croisades. Nos propos sont compris. Trois ou quatre Grecs au visage éveillé se mettent à notre disposition pour nous conduire à la plage et nous donner tous renseignements. En un clin d'œil, une caravane se forme dans la grand'-rue, l'unique rue du village, dont les portes et fenêtres se peuplent immédiatement de toute la gent féminine et enfantine en déshabillé du matin. Des balcons de bois ouvragé, chêne et olivier, surplombent cette ruelle pittoresque ; les pierres des escaliers, des portails, sont rehaussées de sculptures archaïques. Le type des habitants est agréable, sain, bien planté.

La mer leur a prêté sa douceur, la montagne sa robustesse, et ils ne vivent point en marge du monde moderne. Ils savent qui nous sommes. Sur notre passage, nous entendons répéter le mot : « Gallikoi ! Gallikoi ! », ce qui veut dire : « Français ! », et nous ne remarquons aucune méfiance, bien au contraire.

En une heure, nous avons parcouru la plage et apprécié son utilisation possible. Les fonds permettent d'y manœuvrer un hydravion ; la déclivité n'en est pas trop dure et l'on pourra hisser les appareils sur la grève ; la mer bat sans trop de force. Cette plage peut constituer une escale précieuse entre Salonique, le golfe de Volo et Athènes. Cherchant un magasin pour les réserves de combustible et d'huile, nous recevons les offres d'un grand nombre de pêcheurs et de ménagères, de qui les demeures bordent la plage. Nous visitons le logis d'un foulon, où de grandes jarres de terre pleines d'essences tinctoriales rouges, bleues ou noires, répandent des odeurs humides ; tout proche, un charpentier rabote et dresse de belles planches d'olivier ou de chêne, et ajuste des meubles solides qu'un collectionneur de France paierait bien cher ; dans la cour d'un pêcheur, nous voyons des amas de filets ; de nombreux poissons blancs sèchent sur des claies et rendent un parfum d'iode. Ravis par nos allées et venues, des enfants potelés et rieurs nous courent aux jambes, et, ce qui est extraordinaire, ne mendient point. Après avoir choisi, dans un poulailler désaffecté, un abri de combustible, nous retournons vers le port avec l'intention d'embarquer vite et de rentrer à Salonique. Mais nous n'en sommes pas quittes à si bon compte.

Toute la population de la bourgade, civils et fonctionnaires, est au courant de notre séjour. On nous présente à l'adjudant de gendarmerie, au maire, au propriétaire du bazar, au patron du café, personnages importants, desquels il est prudent d'acquérir les grâces, et qui, d'ailleurs, contre une poignée de main et un sourire des officiers français, se culbuteraient pour nous offrir tout ce que nous souhaitons. Devant cette bonne humeur, nous demandons s'il est possible d'acheter des volailles, du poisson et des œufs, dont le prix est inabordable à Salonique. L'adjudant de gendarmerie, le maire et nos interprètes se bousculent vers des basses-cours ou chez les pêcheurs. A notre retour dans la grande rue, toutes les dames du village se sont parées de leurs atours de fêtes, et, entourées de leur progéniture, forment sur les balcons une double rangée chatoyante : lourds bijoux d'or, d'argent — ou de cuivre — corsages de soie et de dentelles, jupes de couleurs vives, belles chevelures noires coiffées à la grecque, visages souriants. A photographier ces groupes, nous usons maintes plaques ; les enfants timides se couvrent les yeux de leurs petits poings, mais leurs mères prennent la pose pour ne point paraître à leur désavantage.

La grande place du bourg est pittoresque au possible ; de la montagne tombe un petit torrent bondissant, écumant, frais, qui s'étale sur les aubes d'un moulin plantées dans une muraille épaisse ; un forgeron martelle à coups sonores les fers de chevaux ou des outils d'agriculture ; un charpentier scie des madriers trapus, destinés sans doute aux coques des bateaux qui voguent sur le golfe ; un cordonnier pique des cuirs et rapetasse des chaussures, dans les moments où il ne rase ni ne tond ses concitoyens, car il exerce les deux métiers.

Le prêtre du village, barbu, majestueux, et sale comme il sied, attend sous un olivier notre venue et notre salut. Nous le lui donnons respectueusement, et un murmure de sympathie court parmi ses ouailles. Barbier-cordonnier, forgeron, prêtre, tous les artisans de cette place nous proposent un verre de mastic ou de vin. De peur de les contrister, nous ne refusons pas, mais en moins d'un quart d'heure notre bouche est empâtée par tant de liquides résineux. Quelqu'un nous convie à monter le petit chemin creux, bordé de chênes et d'oliviers, qui serpente en corniche vers la montagne. Sans savoir pourquoi, nous nous laissons faire ; notre visite inopinée prend des allures de voyage officiel ; il ne faut point refuser à ces gens simples le plaisir de nous montrer tous leurs sites. Après cinquante pas de marche, nous arrivons devant l'école du village. Nos amis du jour nous invitent à y entrer, nous y poussent.

C'est une grande salle ornée de cartes géographiques, de tableaux de leçons de choses et de portraits des souverains régnants. Garçons et filles sont séparés par l'allée centrale. Sur une estrade à chaise de paille, le maître nous accueille avec de grandes révérences. Tout le petit peuple enfantin se dresse d'un bloc, comme si venait d'entrer un prince du sang ou quelque maréchal victorieux. Sans attendre, le pédagogue fait entonner à son chœur un cantique auquel nous n'entendons pas grand'-chose, mais plein de bonne volonté; encouragés par le geste et la baguette du maître, garçons et filles crient du plus haut de leur voix. Au milieu des bancs et des tables, nous nous tenons, fort stupéfaits et amusés de cette réception, mais très dignes; trente ou quarante villageois, entrés sur nos talons, examinent derrière nous notre attitude et nos sourires; ils sont ravis des paroles d'appréciation dont nous remercions l'aubade.

Mis en goût, le maître donne un ordre à ses administrés, qui se prennent à chanter une sorte d'hymne. Les paroles continuent à être du grec pour nous, mais la musique ne nous en paraît pas inconnue. Réflexion faite, nous devinons que c'est la *Marseillaise*. Je ne dis pas qu'elle fut détaillée selon les principes de la garde républicaine, mais nous ne pûmes nous défendre d'une émotion vraie et naïve. Une fois terminée, sans autre ordre, les enfants chantèrent l'hymne grec, unissant ainsi leur amour de la patrie et leur respect de la grande nation qu'ils ne connaissent point. Essoufflés, rouges et enroués, ils se turent, saluèrent avec ensemble, et le silence gênant, consécutif aux explosions sentimentales, risquait de donner mauvaise figure aux visiteurs qui ne pouvaient point remercier dans la langue du pays.

Mais l'un de nous se souvint à propos qu'il possédait encore deux plaques disponibles, et montra son appareil au professeur et aux élèves. Aussitôt, avec de grands bruits de sabots, des froufrous de tabliers et des rires contenus, l'école se vida sur le chemin creux où un grand soleil froid et blanc donnait toute sa lumière. Il fallut de la patience pour disposer sous un olivier séculaire toute cette marmaille frétillante. Garçons et filles venaient coller leur œil à l'objectif, de peur de n'être point dans la photographie ; les grands bousculaient les petits qui pleurnichaient. Après mainte algarade et des répétitions à blanc, le professeur, flanqué des officiers français, des notables du pays, put s'asseoir sur le talus du chemin creux; derrière, contre la pente, toute la jeunesse du bourg devint à peu près immobile. En deux déclics le souvenir fut fixé de cette rencontre singulière, et aussitôt, trottinant, garçons et filles rentrèrent en file dans l'école. Trois petites mignonnes de quatre ou cinq ans, qui avaient donné la main aux officiers français pendant la pose, ne voulaient plus les quitter. Elles pleurèrent et sanglotèrent, nous embrassant de toutes leurs forces, et il fallut les poser sur leurs petits bancs, avec promesse de revenir.

A l'embarcadère, les notables nous remirent volailles, poissons et œufs, et, après les simagrées de circonstance, acceptèrent une juste rétribution. Comme le youyou poussait vers le torpilleur, tout ce monde nous fit de grands adieux, des supplications de retour, et le wharf resta noir jusqu'à ce que, partis à toute vitesse, nous fûmes perdus dans la houle et la brume du golfe.

Ainsi s'est accomplie cette excursion variée

Après Salonique et l'Armée d'Orient, elle nous a montré la Grèce sous ses aspects campagnards, maritimes, sincères. Au soir du retour, l'animation de la capitale de l'Armée d'Orient nous saisissait à nouveau, sans nous faire oublier ces quelques escales. Tout en poursuivant nos desseins pour la patrie, nous avons apprécié combien il serait facile d'attirer vers nous et à notre cause ces gens agrestes et simples qui nous aiment très vite. La douceur du climat, les traditions antiques dont la France est l'héritière, agissent sans qu'elles s'en doutent sur ces âmes primitives, ignorantes de la grande politique. Elles ne devinent pas le sens de nos paroles, mais comprennent nos sourires, notre bienveillance, et offrent généreusement leurs pauvres richesses… Je ne sais quoi de commun subsiste de nous à elles.

Pêcheurs ni artisans n'articulent de grands mots, ni n'énoncent des pensées supérieures sur les destins de la Grèce ; une intuition plus profonde leur enseigne que nous sommes de même famille et poursuivons un idéal commun : douceur de vivre et clémence aux hommes. Je voudrais bien surprendre les dialogues que peuvent tenir avec eux les officiers ou équipages des sous-marins ennemis, visiteurs certains des parages que nous avons étudiés. Je tiens pour assuré que ces Grecs, séduits par quelques minutes d'entretien français, même en gestes, se rebiffent et se rebellent aux brutalités germaines. Leur faiblesse et leur ignorance sont contraintes de céder, puisque aussi bien les butors allemands prendraient tout court ce qu'on ferait mine de leur refuser, mais au fond du cœur les Grecs de pure souche sentent avec évidence que cette race n'est pas la leur. Existe-t-il un seul lien d'amour entre les junkers de Poméranie et les enfants de la Méditerranée, entre le rauque langage de Berlin et le fluide parler grec, entre les brumes de Wotan et la lumière d'Apollon?

Salonique, 17 mars 1916.

Afin d'explorer le rivage ouest du golfe de Salonique, mon ami l'aviateur militaire (1) m'em-

(1) Capitaine Hirschauer.

mène en grand vol, à bonne altitude, au-dessus du delta du Vardar, des marais et des plages où l'on aborde difficilement avec un torpilleur. J'étudie le parcours, prends les croquis et photographies des points intéressants ; bientôt nous dépenserons plusieurs jours à parcourir, en bateau ou pédestrement, toute la côte que quelques heures de vol auront suffi à mettre dans nos yeux. C'est une promenade d'environ 300 kilomètres, l'espace d'une matinée.

L'appareil démarre, à huit heures précises, du champ d'aviation militaire. Il fait un joli froid de gelée blanche, et le harnachement n'est point de trop, à terre, pour en tempérer les piqûres. Que sera-ce là-haut, où naviguent de superbes cumuli à ventre d'argent et des paquets de brumailles basses, grises comme des toiles d'araignées? Le vent est vif, avec quelques rafales sèches ; le ciel bleu pur et le soleil floconneux. Nous allons subir bien des humeurs de cette atmosphère mouvementée ; de tels éléments aériens présagent des gambades à l'aviateur, surtout lorsqu'il doit survoler une côte et longer des montagnes.

Mon ami fait craquer ses muscles et jouer

es poignets, afin d'en reconnaitre les sou-
plesses qui seront fort surmenées. Tout va
bien. Le moteur tourne et ronfle d'une respiration égale. Les ailerons, les plans et gouvernails lustrés par la rosée oscillent sans gémir,
l'huile coule librement, et le petit galop d'essai
sur la terre humide, qui précède le démarrage
d'ascension, est un roulement parfait. Palpant
l'air à des vitesses croissantes, l'appareil saute
deux ou trois fois, retombe en des roulements
doux et qui fléchissent, comme un sauteur bien
entraîné qui se reçoit sans heurts sur ses genoux ployés ; il quitte enfin le sol, quand il n'a
plus rien à y faire, avec la nonchalance heu-
reuse et balancée d'une feuille soutenue par la
brise.

En quelques spires vastes et montantes,
nous gagnons l'altitude de navigation. L'univers visible s'élargit, comme aperçu dans un
immense télescope dont chaque tour d'hélice
agrandirait le champ. Salonique emmitouflée
de vapeurs, la rade aux puissants navires
écrasés, les montagnes de Macédoine dont les
épaules se haussent successivement, le grand
couloir miroitant du golfe, et très loin,

l'Olympe et l'Ossa, chauves sous la neige,
apparaissent silencieusement et prennent leur
place dans ce panorama familier. Déjà, nous
avons franchi les bancs de brouillards éparpillés dans la basse atmosphère et que le soleil plus chaud de minute en minute rogne
et déchiquette comme des poignées de coton cardées. Nous voici dans la région des
grands nuages solides et étincelants, qui forment le toit mobile de notre chemin; dès
lors, l'appareil lancé sur la droite franchit
le goulet de la rade pour gagner l'autre rive.
Les tonnes et bouées du barrage ressemblent
à un double chapelet de grains de buis posés
sur l'eau et entr'ouvert en son milieu. Trois
navires de fort tonnage approchent de cette
entrée; ils vont lentement et attendent chacun
leur tour; derrière leur coque, le sillage de
l'hélice forme une cicatrice mince sur l'eau
grise; leur fumée flotte comme un double dra-
peau noir attaché à leurs cheminées, et, sur
leur pont, une semaille de petits points blancs
fait tache parmi les aciers et la peinture sombres : ce sont les visages des soldats, des voyageurs qui suivent, cou tordu, notre marche

rapide, et saluent sans doute de paroles amicales, après la longue traversée, les premiers émissaires de cette Armée d'Orient où ils vont être incorporés dans quelques heures.

En peu d'instants, nous gagnons la verticale des marécages de l'autre rive. Des bras de fleuve ou de rivière se divisent, se perdent et s'entrelacent parmi les vases et les boues. Tout cela est indistinct et fuyant, et l'on devine que l'élément solide, la terre, n'est pas beaucoup plus fixé que l'élément liquide. Devant les multiples bouches de ce delta, la mer prend une couleur sale et brouillée, et le regard doit faire un long chemin du rivage vers le golfe avant que les argiles, les impuretés charriées des collines et des plaines se soient décantées et reposées au fond.

Mais nous avons atteint la région des terres occidentales, et, tel un piéton qui suit exactement la bordure de pierre entre un trottoir et son ruisseau, de même, à mille mètres d'altitude, mon ami le pilote décrit dans l'atmosphère une ligne hésitante et tout à fait parallèle aux sinuosités du rivage. A très petits coups de gouvernail, semblables à ceux d'un guidon de bicyclette, l'appareil surplombe les avancées de sable, les creux et les bosses des havres, les circuits de lagunes. Sans répit, il monte et descend, secoué par les vents verticaux émanés par cette rencontre de la terre et de la mer, inégalement chaudes, et qui forment des courants d'air variables suivant que l'on passe sur de la roche ou du sable, sur un estuaire ou un champ, sur de petits fonds ou de l'eau profonde. L'on dirait que nous suivons la crête d'un mur invisible, bâti avec de l'air, qui dresserait jusqu'au firmament la frontière du sol et de l'onde, et se hausserait, s'enfoncerait selon les fantaisies d'un architecte capricieux.

De temps à autre, lorsqu'une traînée jaune sur la berge annonce une plage de sable, je prends des photographies. Mon stéréoscope, ultra-rapide et sensible, est un peu lourd. Aussi longtemps que je le garde sur mes genoux, dans l'abri de la carlingue, il ne pèse guère; mais aussitôt que je me dresse, sors de la coque tout mon buste et plonge dans le vigoureux courant d'air l'appareil photographique pointé vers le bas, il semble que des mains irrésistibles veulent l'arracher des miennes. A bras tendus, nerfs raidis et poings crispés, je dois le maintenir dans l'inclinaison nécessaire, viser rapidement, corriger le pointage, pousser le déclic et rentrer en hâte dans l'alvéole de l'étrave. Trop heureux lorsque au moment décisif l'aéroplane ne reçoit point sur l'une ou l'autre aile une formidable gifle de vent qui incline tout : cellule, pilote, opérateur et stéréoscope, et, au lieu d'un carré de rivage, ne me fait pas prendre quelque troupeau de moutons dans un champ pelé, ou une bande de mer parfaitement vide.

Ainsi va l'exploration, en chutes et redressements, sur les montagnes russes de l'air. A mesure que nous approchons des cimes de l'Olympe et de l'Ossa, toute l'atmosphère semble saisie de grelottements. Les neiges éblouissantes créent une source de froid d'où jaillit un réseau de torrents et de fleuves d'air glacé, sans forme ni contour, qui s'entrecroisent aux environs des montagnes comme une forêt vierge immatérielle. Les oiseaux, sans doute, possèdent des perceptions secrètes qui les informent de ces courants malencontreux, mais nulle science humaine ne peut les éviter. Dans cet invisible enchevêtrement de ramures atmosphériques, l'aéroplane sursaute de branche en branche, lancé vers le haut ou vers le bas, tel un écureuil voyageant au travers des futaies, et il ne sait jamais quel sera le point d'appui du bond prochain. Parmi ces dédales aériens, l'on peut apprécier le bon pilote, la souplesse de ses poignets, la précision de ses nerfs, à la douce fermeté qui ramène inlassablement sur le droit chemin sa monture aveugle et cahotée. Le pilote doit agir sur les leviers comme un violoniste sur ses cordes, sans voir et sans réfléchir. D'instinct, les doigts et les talons corrigent tel balancement, telle chute subite, ni trop ni trop peu. Au souffle du moteur, il lui faut apprécier sûrement l'ouverture ou l'étranglement nécessaires des gaz, car l'aviateur accompli, sur les rampes atmosphériques, n'essouffle pas plus les poumons de son appareil qu'un écuyer prudent ne pousse ou ne tire son cheval sur les montées et les descentes de la route.

Grâce au jeu parfait des réflexes de mon ami, notre avion, fort surmené dans les remous

croissants, continue à suivre imperturbable-
ment la ligne idéale tracée au-dessus des
rivages; bien que fort balancé dans mon étroit
réduit, je peux suivre sans trop d'encombre les
détails de la grande carte marine étalée sur mes
genoux. A la belle altitude où nous voguons,
les dessins et lignes de cette carte sont presque
aux mêmes échelles que les accidents terrestres
dont la vue s'efforce d'établir l'identité. Sur le
papier et sur la plaine, les fleuves sinueux forment des traits semblables et noirs, amincis vers
la source, renflés à mesure qu'ils approchent de
la mer. Les villages éparpillés à grande distance, et qu'un piéton ne pourrait joindre qu'en
quelques heures de marche, sont rassemblés
dans mon regard comme ils sont gravés, près
l'un de l'autre, sur la grande feuille gondolée
par le vent. A quelques centimètres de mes
prunelles, et à plus d'un kilomètre de profondeur, les mêmes petits dessins représentent les
pâtés de maisons, les moulins et les églises, et
il n'y a de différence que leurs couleurs, rouge
ou brun pâles sur la superficie de la terre, noir
d'encre sur le tracé géographique. La voie
ferrée que l'on achève de Salonique à Athènes

s'allonge comme un serpent plat, annelé par les traverses de bois ; quelques locomotives, des trains de ballast y font une traînée sombre et s'arrêtent en rase campagne ; une foule de travailleurs minuscules vide le sable, les rails et les madriers nécessaires aux quelques kilomètres du tronçon inachevé. Sous peu de jours, la communication directe sera établie entre les capitales de la vieille et de la nouvelle Grèce : l'utilisera-t-on dans nos intérêts, ou permettra-t-on que cette voie nouvelle soit un trait plus rapide de Berlin à Athènes ?

L'Olympe approche à grande allure. Son socle formidable glisse tout entier à notre rencontre, avec son cortège de contreforts, de pentes et de précipices blancs. Pour voir de plus près cette immortelle cime, où les aigles ont remplacé les dieux évanouis, le pilote monte autant que le permet notre moteur. Mais les mêmes vents majestueux qui défendaient à Icare d'employer ses ailes débiles nous interdisent de gravir jusqu'au sommet les gradins de l'atmosphère olympienne, ni de contempler par-dessous, plus orgueilleux que

Jupiter lui-même, le trône d'où il dardait ses foudres sur les Achéens. Tels des nautoniers côtoyant une falaise orageuse où ils ne peuvent atterrir, nous regardons de côté la nappe conique et éblouissante des neiges qui transpirent du froid. L'espace a la chair de poule. Des cavernes sombres, surplombées par des auvents de roche qui les abritent de la neige, ouvrent et ferment à notre passage leur trou béant et morne. Là, Vulcain forgeait les carreaux du maître des dieux, l'armure de Mars et le casque de Minerve ; ses doigts rudes, mais habiles, ouvrageaient amoureusement les fibules, les boucles et les joyaux destinés à la parure de Vénus, son inconstante épouse, qui peut-être abritait en telle grotte du versant ensoleillé, ouverte sur la mer bleue, quelque divertissement peu conjugal avec Apollon, Mars, voire Hercule... Souvenirs de l'admirable légende, vous survenez par éclairs au milieu de notre dangereuse gymnastique. Nos mains s'agrippent au rebord de la carène, nos yeux rebroussés par l'ouragan pleurent et se détournent par instants, et l'avion tout entier, cordes, toiles et bois, gémit aux souffles que l'Olympe, ruine offensée d'un paradis déchu, lance pour anéantir les audacieux qui violent son deuil éternel.

Cependant, derrière notre épaule, il recule, majestueux et beau dans sa solitude reconquise. Son haleine est adoucie, ses respirations glaciales perdent leur âpreté, mais de son flanc, imperceptibles d'abord, puis grossissant à tire d'aile, s'échappent deux aigles lancés à l'assaut de l'intrus, de l'oiseau aux ailes tricolores. Ils piquent droit, vissés dans l'air comme des projectiles silencieux, et l'on devine la fixité de leur œil gris, l'attente de leurs serres et de leur bec. Arrivés à quelques mètres de nous, une stupeur les arrête court : le tonnerre de nos cylindres, notre fantastique membrure, apprennent à ces bandits aériens que nous ne sommes pas gibier. Ils semblaient au point de se broyer sur nous, et je distinguais déjà la couleur brune de leur poitrail, quand, d'un effort prodigieux et précis, ils étalèrent toute grande la voilure de leurs ailes qui brisa leur essor à moins d'une seconde de leur trépas. Ils exécutèrent un rétablissement plein d'aisance, un virage sur l'aile, et une remontée en cheminée, tels que jamais sans doute l'aviateur le plus sublime sur l'appareil parfait de l'avenir n'aura la joie divine d'en risquer le simulacre. Prudemment, les aigles se laissèrent dériver à petite distance de leur adversaire monstrueux, et, alors, par curiosité, par attente d'une défaillance, ou bien par ivresse d'une course sportive avec un champion digne d'eux, ils nous accompagnèrent. En très peu d'instants, ils eurent réglé leur vitesse de manière si exacte, que leurs deux corps bien découplés, dessinés pour la course, semblèrent deux satellites attachés à la planète-avion par des liens solides et diaphanes. Toutes les quatre ou cinq secondes, leurs ailes battaient un coup nonchalant, dédaigneux presque ; le reste du temps, elles s'appliquaient près de leur corps immobile sur sa trajectoire, et un œil mi-clos, narquois, fendu sur le côté de leur tête, filtrait des regards paresseux qui nous surveillaient. Notre avion continuait ses bonds et ses chutes sur les rafales de l'altitude, mais il les subissait sans les prévoir ; avertis par leur instinct des obstacles que nous ignorions, les aigles montaient et descendaient, sans que plume ni muscle ne semblât remuer, de manière à maintenir toujours leur impeccable intervalle.

La tache de leur présence glissait sur les terres, les champs et les villages, car nous coupions à travers pays pour gagner promptement l'Ossa et photographier cette plage accueillante visitée naguère. N'ayant, pour quelques minutes, rien de mieux à faire que de contempler le paysage en compagnie de nos deux aigles, je laissai vaguer mes regards sur le tapis terrestre. Il était charmant. Un petit ruisseau, étroit et ondoyant, en formait le dessin, le personnage central. Issu du val encaissé qui sépare l'Olympe de l'Ossa, il sortait des profondeurs montagneuses presque en ligne droite, empressé de fuir les éboulements et les froidures de ces deux âpres compagnons; mais, à peine arrivé sur la plaine facile qui s'affaissait en pente douce jusqu'à la mer où il allait s'anéantir, le ruisseau s'attardait, arrondissait des méandres et faisait l'école buissonnière avant de mourir. Devinait-il un champ où son onde pût apporter la fécondité, il s'y acheminait en zigzags paresseux, s'y étalait, et tout autour de ses berges fluettes, un velours verdâtre annonçait le frémissement des entrailles du sol, qui poussaient les pointes des herbes printanières hors de la glèbe humide. Le ruisseau s'en allait, hésitant comme un papillon de fleur en fleur, pour offrir à boire aux racines d'un boqueteau et aux oiselets de ses ramures. Et puis, sentant l'approche de la mer, il la boudait, rebroussait chemin, semblait vouloir retourner aux montagnes renfrognées; mais la pente de son destin le ramenait vers le rivage, où, après mainte visite nouvelle aux guérets, aux buissons et aux pâtis, il expirait tout gentiment sur un oreiller de sable fin.

Par la bienfaisance du petit fleuve moribond, le vallon et la plaine s'enrichissaient de couleurs tendres, amollies par notre altitude, où s'épuisaient les plus rares nuances du vert végétal et du brun terrestre. Du côté des montagnes, dans le couloir vertigineux creusé entre l'Olympe et l'Ossa, les arbres aux branches sombres empruntaient je ne sais quelle richesse de teintes à l'eau nourricière qui les avait frôlés. Tout cet ensemble formait comme un cachemire aux dessins indécis, somptueux, dont les bords eussent été posés sur le versant des·montagnes et dont le tissu aux plis nombreux, tombant en chute molle jusqu'au lit de la rivière, y formait un angle obscur et sinueux où coulaient les flots rapides.

Il faut qu'un paysage soit bien surprenant pour étonner l'aviateur. Au sein des nuées, on en voit de si vastes, et rehaussés de tels luxes aériens, que mes yeux attendirent plusieurs secondes avant d'apprécier l'unique splendeur de cette féerie. L'Olympe, l'Ossa, le fleuve aux circuits nonchalants, brodé en fil noir sur la vallée sombre et la plaine claire, me firent oublier les deux aigles. Ennuyés de leur inutile attente, attirés par le ravin où les appelait le grand vent, leur compagnon de jeux, les magnifiques oiseaux abandonnèrent notre voisinage et s'en furent à tire d'aile badiner de conserve entre les deux murs coutumiers des montagnes; ils devinrent invisibles dans l'instant d'un clin d'œil, et, m'efforçant de les retrouver sur cet incomparable décor, l'idée surgit tout à coup de lire sur la carte le nom du paysage qui venait de me ravir. Suivant avec le crayon la trace de notre course, je rencontre le petit fleuve incertain, la vallée gravée entre les deux cimes, et, à côté de noms grecs qui ne signifient rien, la légende inattendue : « Vallée de Tempé, ancien fleuve Pénée. »

Ainsi donc, nous venons de survoler ce val illustre dont tant de poètes ont exalté le charme. Ils avaient bon goût. Si méfiant que je sois des éblouissements de l'antiquité, celui-ci n'est point excessif. Entre les déserts de Macédoine et la sécheresse de l'Attique, l'aimable fleuve Pénée et son cortège de terres joyeuses pouvaient aux pieds des immortels recevoir les bains et les ébats de naïades folàtres. Qu'eussent-ils dit, les Pindare et les Virgile au langage flatteur, si le génie de quelque Archimède les eût soulevés au niveau de Jupiter et de Vénus, par un beau matin embaumé des zéphyrs du printemps? Dans quelles strophes immortelles leur art n'eût-il point serti les louanges atmosphériques de la vallée de Tempé?

Mais déjà nous approchons de l'Ossa. Moins pur de formes que son voisin l'Olympe, plus sourcilleux et raviné, il projette des bouffées rageuses, qui descendent en trombe vers la mer où plonge sa base. Cela prend forme de tempête, et j'ai bien du mal à photographier le bourg et la plage où nous avons naguère reçu si favorable accueil. Tout en bas, séparés de l'avion par mille mètres de rafales, je reconnais le petit port aux oliviers centenaires, la ruelle principale dont les balcons doivent être peuplés d'enfants et de femmes qui se tordent le cou vers le zénith, sans se douter que les mêmes voyageurs qui naguère les photographiaient à bout portant sont en train de prendre là-haut des clichés où ne paraîtra aucun visage; la berge jaunâtre aux algues séchées, la placette entourée d'artisans bénévoles, et le petit chemin creux au bord de quoi l'école, sous des branchages, cache son essaim de pupilles qui prêtent assurément l'oreille au bruit de la haute hélice. Cette escale, que nous avons connue stable et immobile, se balance au-dessous de nous comme la terre sous une escarpolette. Bousculé, transporté, l'avion se cabre contre les embruns de vent, les vagues de brise, aux bruits mous et froids, qui se pulvérisent sur ses toiles et sur nos visages en filets aussi glacés que des grains d'écume marine.

Nous ne nous attardons guère sur cette route aérienne, trop inhospitalière. Par une grande volte, le pilote arrondit une courbe qui nous mène tout près de l'Ossa; les oliviers secoués par le vent, des moutons transis, quelques pâtres, passent en silhouettes rapides, aussi distincts qu'à travers un boulevard apparaissent d'un haut balcon les habitants du balcon d'en face. A ce moment, une bourrasque enragée, rebondissant sur la montagne comme un bloc de pierre lâché, enveloppe l'appareil de ses bras puissants et impalpables. Il dérape. Il penche. Aveugles et hésitantes, ses ailes cherchent le point d'appui qui se dérobe. L'atmosphère s'effrite. L'on dirait une traînée de galets aériens, ronds, instables, s'écroulant sous la moindre pression des toiles qui lui demandent soutien, et elle nous laisse choir, inclinés, abandonnés, tels des alpinistes sous le talon desquels la neige fuit. Braqués, les gouvernails et ailerons frémissent. Après quelques secondes d'angoisse, pendant lesquelles ils tremblent comme si la colère du vent les arrachait de leurs gonds, ils retrouvent enfin le support d'un air plus calme, s'y agrippent, redressent l'avion qui achève sa volte et s'enfuit, plus rapide, semble-t-il, loin de ce chaos inconsistant.

Tout droit, coupant golfes, caps et estuaires, nous gagnons au plus court la rade de Salonique. Le moteur sent le bercail, l'altitude est plus clémente, tout devient facile. Le pilote et l'observateur échangent leurs impressions : ils hurlent dans le grand courant d'air, la voix leur parvient comme un murmure. Depuis deux heures, ils n'ont point fumé. Mes doigts gourds cherchent des cigarettes au fond du vêtement rétif; par des prodiges d'habileté respiratoires, je les allume dans les coins de carlingue où le vent n'éteint que trois fois sur quatre la flamme du briquet, et insère entre les lèvres de mon ami les cigarettes dont j'ai déjà tiré quelques bouffées. Notre vitesse se charge de fumer le reste. En dix secondes, le papier de la cigarette est noirci entre la cendre et la bouche; la pointe extérieure est à peine consumée que le feu commence à brûler les lèvres, la fumée à emplir les narines. A l'instant où l'on commence à savourer l'arome du tabac, il faut jeter la cigarette, petit feu d'artifice rouge, qui va rejoindre, loin derrière, les étincelles et les gaz de l'évacuation du moteur.

Ce jeu, souvent renouvelé, nous mène au-dessus du Vardar. Quelques bombes allemandes, tombées le matin même, ont fait dans la vase des trous inoffensifs. Nous allons les voir. Quoique nous soyons plus bas, ces trous semblent creusés par des pelles d'enfant. Cela n'intéresse guère. En droite ligne, coupant la rade, nous filons vers le centre d'aviation militaire. Il est près de onze heures. Tout est calme ici. Une lumière simple baigne la ville, les navires, les montagnes. Nous goûtons un repos exquis. Aussi bien que la surface terrestre, les altitudes aériennes possèdent leurs carrefours venteux, leurs mauvaises routes, et leurs régions abritées, riantes. Celle-ci en est une. Allégé de toute l'essence qu'il a consumée, l'avion ne veut plus descendre, et désire s'attarder en cette charmante étape du retour. Le pilote le contraint, l'incline vers le terrain

d'atterrissage. Résistant, l'appareil, comme
un cheval qui piétine devant l'écurie, fait plusieurs spires descendantes, au lieu d'une,
avant de consentir à approcher la terre. Vaincu
enfin, il aborde de bonne grâce, en deux
bonds légers, dispos et frais malgré les trois
cents kilomètres de vol, prêt à repartir pour
peu qu'on le nourrisse d'essence.

Quelques minutes plus tard, tandis que je
dessangle veston et culotte, j'apprends que je
vais quitter Salonique. On me destine à un
autre poste. Je ne survolerai plus le golfe, en
quête des sous-marins. Je n'irai plus rendre
visite à l'Olympe, à l'Ossa, non plus qu'aux
petits ports d'où j'espérais voler plus loin,
toujours plus loin... Regrets ou non, je pars
dans cinq jours.

PARIS — ROME — CORFOU

Salonique. — 21 mars 1916.

Les avions allemands survinrent comme la
nuit blanchissait. Un silence infini recouvrait
le lourd sommeil de l'aube. Dans la petite
maison, au seuil de la campagne, je dormais
si bien, fenêtres ouvertes, que mon être
inconscient semblait parti pour un immense
voyage au néant. Quatre bruits sourds allèrent
le chercher là, et le firent remonter, en quatre
bonds, jusqu'au réveil.

« Ourrh ! » « Aourrh ! » « Raourrgh ! »
« Craourrgh ! »

M'habillant en hâte devant la fenêtre, je
cherchai les hôtes bruyants de ce petit matin.
Le froid piquait. De la gelée blanche couvrait

les herbes, les toits et émanait une odeur pâle. Le ciel semblait d'ardoise pulvérisée où les paupières clignotantes ne distinguaient rien. Sur tous les seuils, des formes blanches, pieds nus, répondaient à l'appel de la mort qui tombait ; les femmes et les enfants s'interpellaient de porte à porte, de terrasse à terrasse, et formaient un concert aux notes alternées. La peur courait rapidement de logis en logis ; par-dessus les toits, tournant le coin des murs, entrant par les cheminées, survenaient de partout les « Ourrh ! » des bombes lointaines et les « Craourrgh ! » des éclatements proches. Des lueurs roses naissaient et mouraient, subitement, sans qu'on devinât le point où leur jolie clarté piquait de la destruction. Issus de la rade et des batteries antiaériennes, des pinceaux de projecteurs tricotaient un réseau qui ne réussissait pas à enserrer les invisibles aéroplanes ; ces faisceaux de lumière semblaient des aiguilles de verre diaphane dans la nuit déjà brouillée, et chaque instant d'aurore grandissante altérait leur blancheur.

Vêtu, mais non lavé, je sortis sur le terrain vague. Tant qu'à ne point connaître où les

Allemands allaient diriger leurs bombes, je
préférais être au grand air, loin des murs qui
s'écroulent, et jouir entièrement de cette
aurore dramatique. A force de scruter le firmament qui blêmissait de seconde en seconde,
j'y vis rôder les libellules aux ailes translu-
cides, faites pour ainsi dire avec de l'ombre
découpée. Elles allaient deux par deux, liées
par quelque fil, noircissaient à mesure que
l'étendue s'illuminait, et volaient vite, vite. A
la jumelle, j'en comptais six paires, mais
peut-être me trompais-je : lorsque, abandon-
nant un canton du ciel où je venais de traquer
l'une d'elles, je croyais dans quelque autre
région en identifier une deuxième, je retrou-
vais peut-être la première qui avait eu le
temps d'accomplir un demi-tour aérien. Je
cessai de compter. Ces aéroplanes étaient nombreux, actifs et décevants. Ceux-ci voguaient à
toute altitude, menus comme des moustiquès,
et le regard avait autant de peine à les saisir
que deux doigts se fermant à pincer une poussière. Ceux-là passaient en trombe à portée
d'un jet de flèche. Par comparaison avec les
premiers, on eût cru qu'ils osaient placer à la

main, sur les toits et dans les rues, leurs bombes. De ce ballet d'oiseaux mortels, descendaient des colonnes de son vissées tout droit ; c'étaient d'abord comme des frou-frous nonchalants et balancés en tire-bouchon, qui marquaient le déclic du départ sous le doigt du pilote, l'hésitation du projectile oscillant autour de la verticale ; et puis, tel un doigt courant sur la corde d'un violon depuis les clefs jusqu'à l'archet, la bombe se redressant, s'accélérant, poussait le son du grave à l'aigu ; et enfin, gerbe sonore épanouie en fin de descente comme un feu d'artifice en fin de montée, la trajectoire se brisait en cent mille morceaux : « Crrrââ! » ; balayait maisons, jardins ou êtres vivants, et s'évaporait en ondes cruelles qui déchiraient les tympans et faisaient rentrer les têtes dans les épaules : « Ououourgh! ».

De toutes les demeures et masures voisines, les gens sortaient en foule, mi-vêtus et hagards. Leurs yeux parcouraient le ciel où passaient les fourgons de mort, et cherchaient sur le terrain vague, sous les arbres, un abri. Mais un rapide calcul leur montrait que rien ne les protégerait. Ils aperçurent enfin le petit groupe de Français, d'officiers, au milieu duquel je me trouvais, et coururent en hâte vers nous. Grecs, Turcs, Allemands ou amis ne songeaient point à connaître quel pavillon était peint sur les aéroplanes — ils tuaient — ni à quels protecteurs ils demandaient appui. Nos galons, notre assurance leur paraissaient le meilleur des talismans. Pressés, pittoresques, bégayant de peur, accroupis autour de nous et nous saisissant fébrilement les mains, ils écoutaient nos propos, faisaient des prières, touchaient leurs amulettes. Le vieux Turc, de la maison duquel j'entendais tous les soirs venir des sons de guitare et de chants orientaux, vint mettre lui, ses deux filles et sa femme, sous notre égide particulière. Il fallait qu'il eût bien peur pour permettre que sans voiles, et presque dévêtues, les trois gazelles de son foyer fussent livrées aux regards des roumis, au contact de leur main, à leur sauvegarde.

Mais pensions-nous à contempler ces épaules blanches, ces yeux luisants sous des chevelures fluides? Le matin blanchissait. Le dessin des avions se marquait, net, dans le ciel argenté. De partout, maintenant, grondaient les salves de canons aériens. Elles venaient des postes terrestres qui environnent Salonique, pétillantes et sèches ; elles venaient de tous les navires mouillés sur rade, sourdes et déchirantes. Les shrapnells, les obus spéciaux, éclataient à mi-ciel, autour des avions qui continuaient leurs spires de pointage. A chaque groupe d'explosions, quatre fleurs de coton semblaient naître, sans bruit, de l'atmosphère atone ; elles apparaissaient soudain, mystérieusement, bien arrondies, bien dessinées, et aussitôt l'avion, autour de quoi elles formaient un tétraèdre de mort, était secoué comme si les fils qui le suspendaient au firmament se brisaient ensemble. L'avion, cependant, redressait et poursuivait sa course ; quatre pulsations de bruit, quatre détonations, parvenaient à nos oreilles ; sous la brise matinale, les fleurs de fumée s'allongeaient, s'effilochaient, et en quelques instants se fondaient dans la substance des brumailles. Partout, à droite et à gauche, sur la ville et sur son pourtour, le ciel était rempli, l'atmosphère était assourdie par cette danse de choses lumineuses et de rumeurs sonores : les avions fins aux circuits entrelacés, les chutes sifflantes des bombes, les coups de canons et les fracas de shrapnells. Tout cela était beau, irréel, dans l'infinie mansuétude des roses et des lilas qui se posaient doucement sur l'empyrée. Un impresario divin, cherchant à rehausser de quelques touches humaines les grâces naturelles d'un matin d'Orient, n'eût pas inventé mieux que ces membrures volantes, ces vibrations de chute et ces flocons aériens. Il a été donné à notre âge, à notre guerre, de créer tout au moins ces visions sublimes où l'attente de la mort donne à toutes sensations leur paroxysme de beauté. Comblés d'horreur, nous aurons vu ce qu'à Dieu plaise qu'aucun autre âge ne voie plus. Mais, pour notre rançon, nous aurons vu des spectacles suprêmes que les autres âges douteront que nous ayons vus. La beauté et la mort, éternelles compagnes, ennoblissent ce matin.

Là-bas, près des confins de Salonique, du côté où s'arrêtent les voies ferrées de Macédoine, une aurore boréale immense enflamme tout le ciel. Comme un puits artésien de lueurs, elle jaillit, rouge, striée de noir et de jaune, et s'éploye sur un pan d'horizon, telle un éventail au bord bien arrêté, et dont les branches multiples, noyées dans le tissu sombre, jaillissent du même point de terre en traits écarlates et rapidement éteints. Quelques secondes plus tard, un tremblement de terre et de son monte par nos jambes jusqu'à nos épaules, par nos oreilles jusqu'à notre cerveau : c'est le tonnerre de l'explosion qui ébranle le ciel entier. Les Allemands ont fait but, cette fois-ci. L'éventail lointain s'installe, attirant tous les regards, nourri de fumées noires et de fusées rouges ; il grandit lentement, comme une tache d'huile verticale, et dès lors chacun est hanté par l'effroyable dévastation que quelques bombes bien placées ont dû réaliser là-bas. Le jour est devenu presque blanc, les dorures solaires s'enrichissent sur les crêtes, on ne s'intéresse presque plus aux dernières évolutions des aéroplanes ; quelques explosions retentissent encore, mais leur lueur est noyée dans la lumière, leur bruit n'est qu'un faible écho du vacarme de tout à l'heure. Depuis soixante-dix minutes, les Allemands occupent notre ciel et ont lâché toute la cargaison de meurtre. Ils ont, comme en tout, dépassé la mesure : l'épouvante s'émousse, le tir des canons se précise, la beauté du spectacle s'évapore.

Enfin, l'un après l'autre, les aéroplanes virent vers les montagnes et disparaissent, guêpes vidées de leur venin. Sur le chemin du retour aux repaires bulgares, ils vont rencontrer nos escadrilles de combat, parties hors de vue dans de grands circuits vers la droite et vers la gauche; elles ont gagné la hauteur et la distance, et attendent, au-dessus des cols obligatoires, les bombardeurs de villes ouvertes. Avant une heure, dans les battues vertigineuses de l'air, nos bons ouvriers auront fondu sur les fuyards; avant ce soir, les téléphones et le télégraphe nous feront connaître que sur les froids versants de la montagne trois amas calcinés de métal, de chair humaine et de toiles germaniques forment tout ce qui reste de trois avions qui venaient d'assassiner des innocents et que les mitrailleuses françaises ont abattus comme bêtes malfaisantes.

Avant qu'un service d'ordre n'ait prohibé l'approche des zones bombardées, je visite avec quelques amis les parages de la grande explosion. De recherche en recherche, nous arrivons à l'autre bout de Salonique, hors des faubourgs, dans des terrains nus où la gare de marchandises, des entrepôts, des hangars sont parsemés sur une vaste étendue ; un grand dépôt pour explosifs et grenades, des casernements du génie et de l'intendance, se trouvaient là hier, régulateurs entre les arrivages des navires et les expéditions vers les tranchées. Il n'en demeure rien. Un chaos de flammes et de fumées s'étale sur plusieurs hectares, y prend source, se nourrit de copeaux d'étincelles qu'il aspire dans ses volutes courbes et laisse retomber au loin. A des kilomètres de distance, le sol est semé de grenades et d'engins, brisés ou intacts, serrés comme des pierres sur le lit d'un ruisseau sec. Quelques hommes, barbe roussie et chemise brûlée, courent çà et là, s'arrêtent, repartent. Ce sont les rescapés de la terrible commotion. Son fracas les assourdit encore, et ils tiennent des propos incohérents ; leurs yeux aveuglés par l'enfer ne voient plus rien dans le jour calme. Interrogés, ils chevrotent, et regardent derrière eux pour voir si rien n'éclate. L'un d'eux sort de sa poche un doigt, une oreille, un lambeau de cuir chevelu, seuls restes d'un des factionnaires qui veillaient le dépôt de grenades. Pendant qu'il parle, des détonations retentissent, à dix, à vingt mètres, grenades amorcées par leur chute et qui explosent avec une heure de retard. L'homme s'enfuit, affolé.

Nous nous éloignons, dans la direction de la ville. La route est jonchée de débris d'acier, de plomb, d'ailettes fracassées; des parcelles d'explosif, jaunes et friables comme un fromage sec, font par endroit des taches sablonneuses. Afin de conserver un souvenir de cette visite, je ramasse une des grenades dont l'enveloppe est cabossée, déchirée, et qui me paraît inoffensive. Dans la main, elle me semble brûlante, je la repose à terre doucement; avant que nous ayons fait cinq pas, elle éclate sur la route, et sa mitraille siffle à nos oreilles. Par sympathie, d'autres explosent, un peu partout, feux follets de bruit. Cela durera jusqu'au soir, et des visiteurs seront blessés au crépuscule.

Le vent de la grande explosion a passé sur la gare, les trains, les cantonnements, comme une main qui aurait poussé les toitures sans toucher aux fondations. Toutes les bâtisses sont inclinées, intactes, construites obliques pour ainsi dire. Les cheminées penchent, les fenêtres sont rétrécies, étirées, posées sur les façades ainsi que les bâtons d'une page d'écriture. Telles des boites de carton dont les coins auraient joué, tous les wagons de deux trains font des angles aigus, comme si, lors d'un arrêt brusque, leur couverture avait un moment continué la marche. Plus loin, à la limite des faubourgs, de bizarres constructions de brique se sont écroulées ; pans, murailles et planchers ressemblent aux cartes d'un château qui n'aurait pas fini de s'aplatir. Dans les ruelles pauvres, des toitures entières, des façades se sont déplacées sur la rue qu'elles encombrent. De distance en distance, une maison entière est supprimée sous la chute d'une des bombes des avions dont on peut suivre ainsi le parcours.

Une immensité de peuple grouillant, miséreux, frappé de stupeur, contemple les devan-
tures gondolées, les vitres arrachées partout,
jusqu'aux grandes artères, jusqu'au quai, les
cheminées écrasées, les avalanches de tuiles.
Les demeures ne sont pas seules à avoir souffert de cette rage stupide : des morts par
dizaines, des blessés par centaines, ont été frap-
pés en grappes dans ces logis surpeuplés, où
une chambre, parfois un lit, réunissent toute
une famille prolifique. Le mutisme de l'horreur frappe cette populace pourtant bavarde.
On regarde. On se tait. On passe. Du silence,
monte dans quelque ruelle un ululement d'oiseau blessé. Par-dessus la rangée d'épaules qui
entoure cette litanie, nous voyons une femme
échevelée, agenouillée contre le corps de son
mari étendu mort sur le pavé sale, tout le
visage détruit par un atroce écrasement. Elle
l'étreint à pleins bras, baise ses cheveux ensan-
glantés, la face disparue, et puis se relève et,
farouche, hurle son amour et sa détresse. Les
poings tendus au ciel, ses yeux menaçant le
cercle des vivants, folle, la veuve secoue son
visage terrible et rouge; sa bouche, bordée

d'écume rouge, lance des imprécations qui insultent Dieu, les hommes, l'univers entier. Et puis elle s'écroule, secouée de sanglots secs, couvrant tout entier et pétrissant celui qui ne répond plus.

Y a-t-il donc tant de bonheur sur terre, pour que les hommes aient permis qu'un bandit prussien y jette à pleines poignées de tels deuils inexpiables?

Salonique à Marseille
22-27 mars 1916. — Paquebot Plata.

Le grand paquebot devait quitter Salonique a trois heures et demie, mais ne leva l'ancre qu'à cinq heures. Les incidents habituels provoquèrent ce retard : ils amusent le voyageur professionnel, agacent les officiers du bord, ahurissent le malheureux terrien transplanté du trantran des villes au brouhaha des bateaux.

Ce sont, d'abord, les messieurs ou dames qui ont perdu leurs bagages. Séduits par les promesses d'un batelier, ils lui ont confié

malles et valises et sont venus au paquebot
sur quelque embarcation rapide, à vapeur ou
à pétrole. Jurant par tous les dieux orientaux,
le batelier avait promis d'arriver à trois heures
précises; il en est quatre et demie, rien ne
paraît. Les messieurs et dames courent de
l'avant à l'arrière, supplient commandant et
officiers d'attendre, expliquent aux matelots,
qui rient sous cape, le contenu précieux des
bagages, essuient la transpiration de leur front
chargé d'inquiétude, et proclament que c'est
la dernière fois qu'ils prendront le bateau.

Enfin, dix minutes avant le départ, l'on voit
ramper sur rade un amoncellement de bagages
aux étiquettes neuves et aux courroies jaunes,
qui s'avance avec majesté sous la poussée me-
surée des deux avirons d'un seul nautonier.
Celui-ci, routier des appareillages, a appris sur
le quai que le paquebot ne partait qu'à cinq
heures; il en a profité pour expédier quelques
petites courses lucratives, boire un ou deux
verres, et embarquer les malles de quelques
autres messieurs et dames, très en retard, qui
lui ont payé à prix d'or la faveur d'ajouter
plusieurs valises à la volumineuse pile. Sou-

riant et serein, il accoste. Selon son humeur, il répond par le mépris ou par l'invective aux doléances précipitées de ses clients ; pêle-mêle, les malles montent à bord ; les unes craquent, d'autres s'ouvrent ; il manque une valise à celui-ci, une chapelière à celle-là ; l'on recompte dans le brouhaha ; enfin, comme la sirène du départ siffle ses trois coups graves, chacun, rasséréné, retrouve ses gros et menus objets. Une large main tendue, le batelier sollicite sa rémunération. On lui tend des billets de banque, beaucoup de billets. Il explore ses poches, enfouies dans le mystère de son gilet ou de sa culotte, et ne trouve nulle monnaie. Tous s'impatientent et crient, lui plus haut que les autres ; la cloche d'un maître d'hôtel coupe le tumulte de son drelin-drelin haletant, qui signifie d'évacuer le paquebot. Empochant les billets, le batelier dévale l'échelle, et, poursuivi par des imprécations dont il n'a cure, s'éloigne à petits coups d'avirons narquois. Ce petit manège lui assure les rentes de sa vieillesse, et il aurait bien tort de se gêner. Il recommencera demain, tous les jours. C'est un filou à répétition.

Il y a les autres catégories de retardataires :
le paquet de sacs postaux, venus des tranchées
à dos de cheval, d'homme, ou en arabas, et
qui pousse du quai au moment où le paquebot
lève l'ancre ; les employés font de grands bras ;
le sifflet du canot jette des flocons haletants ;
quelques minutes de hâte feraient manquer à
cent, à mille familles de France, les lettres
orientales, consolations du foyer... On attend.

Et puis le personnage officiel, important, le
passager de luxe, habitué à l'autocratie sur
terre et qui se croit souverain à bord. Il s'adresse
au commandant du paquebot sur un ton protecteur et dégagé, l'informe que de très hauts
fonctionnaires viennent lui rendre la visite de
départ, le charger pour la France de messages
confidentiels, et demande de ne faire appareil-
ler le navire que lorsque ce beau monde aura
pris la peine de s'en aller. Le commandant,
qui en a vu bien d'autres, assaisonne avec précision la déférence due au gros bonnet et la
souveraineté que consacrent les règlements
maritimes. Maître après Dieu, dit l'adage.
Malgré tout, pour ne point trop déplaire, on
attend...

Et puis d'autres passagers, sans mandat, montent avec une caravane d'amis et de connaissances, à qui leur faconde fait les honneurs de la cabine, du salon, du fumoir. Fureteurs et stupides, les amis et connaissances s'empêtrent dans le dédale des couloirs, s'égarent, se perdent dans une chaufferie croyant monter sur le pont, et entendent tout à coup, à travers dix épaisseurs de métal, les trois sifflets annonciateurs du départ. Eux en bas, le passager disert en haut, éprouvent la peur de partir sans le vouloir et l'inquiétude de retarder le départ. Ceux-là appellent, celui-ci s'excuse. On cherche, l'on trouve, mais l'on attend...

Et puis il y a ceux qui n'ont pas de billets, ni de réquisitions, qui se trouvent là sans qu'on sache pourquoi ni comment, et cependant veulent partir. Le commissaire exige des titres, des espèces sonnantes. On attend... Et puis ceux qui supposent que le navire s'arrête en route au lieu de filer droit à Marseille, et qui débarquent au dernier moment parce que leur destination est l'Égypte, la Tunisie ou l'Amérique du Sud; ceux qui découvrent soudain qu'il leur faut expédier, je ne sais où, des télé-

grammes, des lettres et des cartes d'extrême
urgence : ils griffonnent, gribouillent, collent
timbres de travers et enveloppes d'un trait de
langue, jettent le tout par-dessus bord à l'éternel batelier qui empoche les honoraires et ne
mettra rien à la poste ; et ceux qui se trompent
de bateau, installent leur baluchon dans une
cabine, montrent, à la dernière minute, leur
titre de passage au commissaire qui les réexpédie, et promptement, vers tel autre paquebot empanaché lui-même des fumées de l'ap-
pareillage, appareillé peut-être... On attend.
On attend. On attend.

Tout a une fin. Du haut de sa passerelle,
le commandant du paquebot lance quelques
coups de sifflet, auxquels répondent les officiers de la manœuvre avant et de la manœuvre
arrière ; des sonneries de timbres, étouffées
dans les flancs du navire, portent aux machines
les ordres de marche, et le navire frémit imperceptiblement ; toute la rade, vapeurs, voiliers
et chalands, commence à glisser sur le fond
du rivage. Les nombreuses barques chargées
d'amis semblent collées sur la surface où le

haut navire se meut sans un bruit; penchés contre la balustrade, les passagers silencieux répondent de la main aux mouchoirs agités qui deviennent petits, plus petits, indistincts. Les visages amicaux reculent dans le lointain, dans le passé; la ville, son quai sonore et ses minarets droits s'uniformisent et se brouillent comme un pastel que l'éloignement frotte du doigt. Même endurci, le voyageur ressent un léger froid au cœur, et une grande envie de ne parler à quiconque; le crépuscule et la distance effacent de son regard le coin d'univers où bons et mauvais jours, ennuis et joies, forment déjà l'un des trésors du souvenir. Ennuyé, incertain, il s'accoude à quelque balustrade, et rêvasse; ou bien, pour occuper ses doigts et le premier quart d'heure d'arrachement, il descend dans sa cabine et y dispose tant bien que mal savons et brosse à dents, pyjamas et vêtements chauds, pour un voyage de cinq journées.

Avant que ne sonne la cloche du dîner, ce brouillard de mélancolie a déjà disparu. Il y suffit deux ou trois rencontres et présentations avec les passagers de même classe, une cigarette sur le pont, la curiosité renaissante de la physionomie et de l'allure des compagnons nouveaux. Chaque traversée a sa vie propre, suivant la saison, le point du départ et la population des passagers. Sur la ligne de Salonique, il est rare que les navires ne transportent pas exclusivement des troupes et du matériel militaire ; ce genre de traversée, pour important qu'il soit, court risque de manquer d'imprévu.

Par bonheur, les passagers de la *Plata* ne sont point trop nombreux, ce qui supprime l'entassement, ni tous du même état, de quoi j'augure quelque diversité. Sans doute, un fort contingent de soldats et de marins, officiers et non gradés, forme le noyau des voyageurs. Permissionnaires ou convalescents, ils vont se reposer en France ; les dures fatigues de leurs campagnes précédentes autorisent à leur égard une discipline plus bienveillante, sinon moins stricte. Alpins, artilleurs ou cavaliers, ils portent des uniformes défraîchis et des bourguignottes cabossées ; sur leurs traits tirés et dans leurs yeux creux, l'on devine les longues semaines, les mois passés aux Dardanelles, à Gallipoli, en Macédoine. Beaucoup sont des héros, non pas ceux de qui l'on imprime les noms et les photographies, mais les héros muets et nécessaires de la boue, de la fièvre et de la patience. Assis sur le pont, dans le coin de tranchée maritime qu'ils ont élu déjà pour le voyage, ils devisent sans éclats de voix. Ils sont fatigués. La France est encore bien loin. La pudeur des combattants retient au fond de leur cœur les grandes choses qu'ils ont vues. Et puis, une pensée muette rôde autour de ces âmes qui cependant ne redoutent rien de ce qui se voit.

Quelques officiers anglais, dont deux généraux (1) ; des monteurs et ingénieurs revenant en France après des travaux techniques à l'Armée d'Orient ; plusieurs civils agréables et beaux parleurs, aux emplois mal définis — missions, service de renseignements, police — ; un groupe de journalistes neutres ou alliés ; plusieurs dames qui expliquent avec volubilité des mésaventures vagues et des destinations nuageuses, forment le contingent des personnes qui savent d'où elles viennent et prétendent savoir où elles vont. Quels que soient

_____

(1) Generals Mac-Pherson and Blumberg.

leur âge et leurs desseins, elles se posent mutuellement, tout bas, les mêmes questions que les soldats permissionnaires n'osent dire.

Le reste des passagers n'a pas honte de proclamer bien haut le tourment secret de chacun. Ce sont des Levantins, hommes, femmes, enfants, embarqués pêle-mêle avec hardes et meubles, et qui déguerpissent de Salonique. Sans égard à leur nationalité ni à leur religion, le bombardement d'hier leur a donné la chair de poule, et ils ont pris le premier bateau, ignorant où échouera leur destin, pourvu que ce soit loin des choses qui tombent du ciel et éclatent sur terre. En groupes compacts, obstruant promenoirs et corridors, l'air égaré et les yeux fixes, ils dévident en propos hachés, n'osant même pas regarder par-dessus leur épaule Salonique la maudite, les réminiscences de leur épouvante et les excuses de leur fuite. Chaque mille parcouru rendrait l'assurance à leur couardise si chaque mille ne les enfonçait davantage dans le ténébreux mystère des flots où se cachent les sous-marins. Gribouilles de la pleutrerie, ces Levantins se demandent si le risque d'aujourd'hui n'est pas plus grand que celui d'hier : la soirée sereine, le ciel vide, le calme du golfe effacent la réalité des aéroplanes et des bombes. Ces êtres falots ont peur d'avoir eu trop peur, et, réchauffés de fuir le Charybde avion, grelottent déjà du Scylla sous-marin.

Après mainte consultation, un délégué se sépare du groupe et me vient questionner. Le hasard veut qu'en cette traversée je sois investi à bord des fonctions de « commandant d'armes ». Cette fonction échoit au passager militaire le plus ancien en grade, de la nation dont le navire porte le pavillon. Sous réserve de soumettre ses intentions au commandant du navire, il est chargé de la discipline et de l'ordre parmi tous les passagers militaires : il établit des consignes, ordonne des appels ou des exercices, reçoit les réclamations, inflige des punitions. Ces pouvoirs n'empiètent nullement sur ceux du vrai commandant — à la sanction duquel ils sont subordonnés — et permettent à celui-ci de se consacrer uniquement à la veille, à la conduite du navire. En temps de paix, les passagers civils sont soustraits à la discipline du commandant

d'armes ; les nécessités de la guerre les y sou-
mettent.

Très vite renseigné, car les Levantins, à
défaut d'autres vertus, savent toujours où se
trouve l'autorité, le bloc des pusillanimes dé-
lègue donc vers moi un petit homme au dos
voûté, et de qui le visage est fort pâle. Je devine
que sa maladie n'est pas un excès de sang
rouge. En trois courbettes et quatre sourires,
l'ambassadeur se présente et expose ses titres.
Est-il professeur, marchand de rahat-loukoum,
réfugié turc ou employé de commerce, je ne le
devine guère, quoique je l'entende mentionner
ces quatre états civils. Le cercle des poltrons
se forme autour de nous, oreilles béantes et
mines anxieuses. A brûle-pourpoint, comme
un quidam demande à quelque météorologue
s'il pleuvra dans huit jours, l'orateur m'inter-
pelle comme si j'étais un oracle :

— Pensez-vous, mon capitaine, que nous
serons torpillés ?

Vif mouvement d'attention. L'oracle va
parler. Mais l'oracle sait fort bien que s'il
dit « Non ! », on lui répondra « Qu'en savez-
vous ? » et que s'il dit « Oui ! » on lui répondra

également « Qu'en savez-vous? » D'ailleurs, il n'en sait rien et répond avec franchise :

— Je n'en sais rien, monsieur.

— Alors, mon capitaine, qui le saura?

La riposte est prompte, habile aussi. Les poltrons hochent la tête avec assentiment.

— Personne, monsieur. Pas plus moi que les commandants de sous-marins ni que von Tirpitz, ni que votre ministre de la marine. Dans les tranchées nul ne sait quand viendra l'obus. Sur mer, nul ne sait d'où viendra la torpille. A chacun sa chance.

— Mais, mon capitaine, quelle est votre impression personnelle, votre opinion à vous? Y a-t-il beaucoup de sous-marins sur notre route? Faut-il nous méfier?

— Vous êtes embarqués jusqu'à Marseille. Le sort en est jeté. Le commandant et l'équipage veillent. Pas plus que vous ils ne souhaitent d'être noyés. Ce que vous faites une fois, ils le font cinquante fois par an. N'ayez pas d'inquiétude et suivez les instructions qu'on vous donnera.

— Mais vous, mon capitaine, que ferez-vous? Nous ferons comme vous.

— Oui, nous ferons comme vous, répète un écho multiple, car le cercle s'enrichit de riposte en riposte.

— Le jour, je mangerai, lirai, fumerai sur le pont, s'il fait beau; dans le salon, s'il fait vilain. La nuit, je me coucherai dès que j'aurai sommeil, dans ma couchette naturellement, et me lèverai le plus tard possible. Si la torpille arrive, eh bien! nous verrons.

Cette déclaration déçoit. Je suppose que tous ces terriens imaginent que les officiers de marine connaissent des rites secrets, des incantations mystérieuses, qui savent détourner la torpille. L'on m'en veut de ne rien dévoiler. L'on scrute mon visage. De bouche à oreille, des interprétations se chuchotent. Est-il vraiment possible que l'oracle n'ait d'autre panacée que manger quand il a faim, dormir quand il a sommeil? Non, cela n'est pas possible. Mon orateur malingre exprime ce doute du cercle grossissant des enquêteurs.

— Certes, mon capitaine, vous n'avez pas peur. Nous connaissons tous le courage des marins, des marins de France. Mais nous, mais nous...

Évidemment, il ne peut pas dire :

« Mais nous qui avons peur... »

Et une hésitation suspend son discours. Il faut sauver la face. Il faut arracher aussi les rites et les incantations protectrices.

— ... Mais nous qui ne sommes point entraînés aux risques de la mer, nous avons quelque raison de savoir comment nous nous sauverons, dans le cas où..., au cas où..., en supposant que..., enfin, vous comprenez.

— A merveille. Il est trop tard pour réunir les passagers et l'équipage, sans quoi je l'eusse déjà fait ; mais demain, à la première heure, l'on appellera tout le monde, sans exception. Je vous indiquerai vos postes. Vous n'aurez qu'à vous souvenir de mes instructions, à les exécuter le cas échéant. Mais, je vous en prie, ne vous effrayez pas. Ce qui est écrit est écrit. Puisque vous voulez mon impression, il ne nous arrivera rien. Dans cinq jours, nous débarquerons tous à Marseille.

Rassérénés, quelques auditeurs philosophes se détachent du cercle et vont propager la parole du commandant d'armes. Les inquiets malgré tout demeurent, et cent questions m'assaillent :

« Combien y a-t-il de sous-marins en mer Égée? » « On dit que les sous-marins allemands sont énormes. » « Et le passage de Malte! » « Comment est faite une torpille? » « Est-il vrai qu'on ne voit pas le périscope? » « Où les sous-marins se ravitaillent-ils? » « Hier, j'ai vu un marin qui m'a dit que... » « Pourquoi navigue-t-on le jour, puisque la nuit ils ne voient rien... » « Moi, j'ai tout mon or dans ma ceinture... » « Pourvu que je n'aie pas le mal de mer quand on sera torpillé... » « Combien de temps un bateau met-il à couler?... » « La mer est-elle profonde ici? » « Est-ce qu'on peut nager après avoir mangé, parce que je ne mangerais rien jusqu'à Marseille. » « Faut-il garder ses souliers? » « Où doit-on regarder pour voir le sous-marin? »

Harcelé de droite et de gauche, je réponds tant bien que mal, émerveillé de la prodigieuse ignorance que trahit chacune de ces questions. Mainte année de carrière m'a cependant persuadé que le savoir maritime est aussi étranger au public que le thibétain à un enfant de la classe maternelle, mais en ce soir où j'eusse tant aimé contempler une dernière fois mes amis l'Athos et l'Olympe, remontés à la hauteur où je n'irai plus les coudoyer, il me semble que la peur, harnachée d'ineptie, se soit intronisée sur le bateau pour me rendre plus amer le départ de Salonique.

Salutaire, la cloche du dîner sonne. Quelques instants plus tard, dans la salle bien éclairée, aux hublots clos, j'ai fui la cohorte des questionneurs et leurs fadaises. Mais, hélas! pour émané qu'il soit d'un public plus cultivé, l'interrogatoire que je subis tourmente mon repas de façon bien fâcheuse.

Il semble que tout individu, ordinairement éclairé dans le train de la vie, se pourvoie en mettant le pied sur un bateau d'un catéchisme de questions destinées au supplice des marins. A la table des premières, ces questions sont plus insidieuses. Les enquêteurs se rappellent quelque livre de fausse vulgarisation, des articles de journaux écrits par un incompétent, des illustrations inexactes, des films cinématographiques truqués. Ils ont des idées, des inventions originales, et les exposent en termes impropres ; ils ont fait un peu de mécanique ou d'électricité ou quelques voyages d'affaires sur des paquebots transatlantiques, et cela leur suffit pour émettre des vues définitives sur la torpille, la télégraphie sans fil ou la protection des routes de mer. Les plus modestes, ou les plus habiles, prennent garde de se risquer en des théories où l'interlocuteur renseigné aura toujours le dessus, mais ceux-là sont les plus dangereux : ils posent des questions baroques, d'allure naïve, prétendent ne rien savoir et souhaiter simplement de se renseigner : il faut des démonstrations en quatre points, pour leur faire comprendre pourquoi l'on fait ceci, pourquoi l'on ne fait point cela, comment telle mesure est possible ou impossible.

Contraint par ma qualité de commandant d'armes et de marin, je me vois obligé de prendre le dé de la conversation. Ayant escompté la détente du corps et de l'esprit, j'envisage avec appréhension ces dix repas, ces cent heures de traversée, où chacun viendra aux renseignements comme auprès d'un dictionnaire ouvert par le hasard. Mais bah ! ne faut-il point éclairer, rassurer tous ces voyageurs? Pas plus qu'eux, je ne sais où est le danger, mais il est réel, caché; s'il fond sur nous, chacun doit l'affronter en connaissance de cause, non point dans la panique.

Le lendemain, à la première heure du jour, notre paquebot a quitté depuis longtemps le golfe de Salonique, et progresse rapidement dans la mer Égée. A droite, lointaines et basses, les terres continentales de Thessalie, d'Attique, forment une ligne unie sous les feux du soleil levant; à gauche, et devant, et derrière, les statues maritimes des îles aux noms célèbres emplissent tous les plans de la vue : violettes, bien découpées, chacune solitaire dans les groupes glissants de l'archipel, elles émergent seulement de la tête, ou sortent jusqu'aux épaules, ou se tiennent debout sur leur socle, selon les distances et l'éclairage. Il fait un temps de lumière et de beauté achevées; c'est la première journée printanière; l'onde est aussi joyeusement calme que sont vertes les prairies terrestres. Les sous-marins ennemis doivent se réjouir au sein de l'onde : l'affût leur promet un beau tableau.

D'accord avec le commandant de la *Plata,*
je fais monter sur le rouf des embarcations
tout le personnel des passagers ou de l'équipage. Demi-vêtus, en pantoufles et chemises
de nuit, les Levantins jaillissent par les échelles,
lèvres tremblantes et visages hagards; ils sont
harnachés des ceintures de sauvetage, posées
tout de guingois :

— Où est le sous-marin? Est-ce qu'on a le
temps de se sauver?

Je les rassure. Je leur explique... L'on va
montrer à chacun le canot où il doit embarquer en cas d'évacuation. C'est un exercice...
Il n'y a rien en vue. Il n'y a rien à craindre...

Mais ils doutent et scrutent mes airs de
visage, le timbre de ma voix... Je leur cache
quelque chose... Leurs yeux fureteurs par-
courent l'horizon, où rien ne paraît. Ils ont les
paupières boursouflées et la peau luisante de
l'insomnie : je les soupçonne d'avoir passé la
nuit assis sur leur couchette et tremblants,
prêtant l'oreille aux moindres rumeurs... à
moins qu'ils ne soient restés sur le pont.

Amusés et bavards, les alpins, artilleurs et
matelots arrivent sans se presser, en ordre : ils

en ont vu bien d'autres... Kodaks en main,
cigarettes aux lèvres, les civils montent, assez
vite, mais dignes... Emmitouflées dans des
peignoirs douillets et des capelines, les dames
sautillent sur les degrés des échelles, font de
petites mines frileuses, et puis s'installent,
bien sages, le long des cheminées où elles se
chauffent le dos en attendant l'appel ; elles
demeurent fatalistes et pas du tout encom-
brantes... Calmes, en retard, les Anglais
posent un pied solide sur le pont supérieur : ils
sont lavés, rasés, tubés, briqués, astiqués et
tirés à quatre épingles.

Le premier brouhaha terminé, j'aligne tout
ce monde sur deux rangs, je compte, et divise
le total par le nombre d'embarcations. Faisant sortir les officiers, je les désigne comme
commandants d'armes de chaque canot, chargés d'aider l'officier du paquebot destiné à
embarquer avec eux. Les équipages ainsi cons-
titués, l'on écrit à la craie, bien visiblement,
sur la coque de chaque canot, le nom de ceux
et celles qui doivent y monter. Les passagers
vérifient, de leurs propres yeux, que des barils
d'eau potable, des caisses de biscuits, emma-

gasinés sous les bancs, permettront de ne pas mourir d'inanition pendant au moins quatre ou cinq jours. On leur indique nommément leur place sur tel banc, afin qu'ils y aillent tout de suite et évitent la bousculade. Je les invite à se souvenir du numéro de leur canot, à regarder le visage de leur chef de file, de tous leurs compagnons éventuels. Tout cela va très bien. Dociles, anxieux de bien faire, militaires et civils écoutent, exécutent, ne posent pas de question... sauf toutefois les Levantins qui s'imaginent sans doute que par quelque grâce d'exception la discipline commune doit leur donner les meilleures places, assurer spécialement leur salut, et leur éviter toute fatigue.

Bref, les équipes sont formées, encadrées, rénseignées. Il faut les instruire. J'ordonne le silence, et fais un discours en plusieurs points, à savoir :

Que deux fois par vingt-quatre heures, soit le jour, soit la nuit, la sirène du paquebot sifflera plusieurs coups précipités, signal habituel du danger de torpille ; à ce signal, tous les passagers devront se munir de leur bouée de sauvetage, et monter immédiatement au même poste où ils se trouvent à l'heure présente ;

Qu'il leur est recommandé, pendant leurs loisirs, de parcourir les *yeux fermés* le chemin de leur cabine, des salons ou salles à manger jusqu'au pont des embarcations, afin qu'en cas d'alerte de nuit ou d'extinction des lumières par noyage des dynamos, ils trouvent aisément, en se guidant à la main, les corridors et échelles les plus directs ;

Que les matelots du bord, chargés de la manœuvre des embarcations, doivent seuls toucher aux cordages et palans destinés à les amener à la mer ; que pendant les simples exercices, toute personne qui essayera de manœuvrer lesdits cordages sera mise aux arrêts dans sa cabine ; qu'en cas de danger réel toute personne qui les touchera, les coupera, ou montera dans les embarcations avant que l'ordre n'en soit donné, sera fusillée sur-le-champ par des factionnaires désignés à cet effet, la sécurité et l'ordre général passant avant la vie d'un maladroit, criminel en l'espèce ;

Que sous aucun prétexte, et quelles que

soient les circonstances, personne ne doit s'écarter des consignes précédentes, étudiées et établies pour le salut du plus grand nombre, leur transgression pouvant provoquer la déroute, la débandade, la perte d'une ou plusieurs équipes, d'un ou plusieurs canots; qu'en particulier c'est courir à une mort presque certaine que de se jeter à l'eau avant que le navire ne soit englouti; et que, si chacun se pénètre bien de ces règles, il est à peu près sûr de s'en tirer.

Cette harangue fait son effet. J'en explique les passages principaux pour les esprits obtus — l'on devine qui; — je montre les radeaux, les amas de planches disposés sur le pont, destinés à flotter en cas de naufrage, et où pourront s'accrocher les maladroits, les retardataires et ceux qui seraient tombés à l'eau par mégarde. Les visages sont devenus rassérénés; l'on sourit et l'on cause. Le danger inconnu, celui qui crée la peur, a été expliqué, simplifié, presque détourné. *In petto* chacun se jure qu'il fera selon l'ordre; si les autres sont assez stupides pour vouloir inventer, lui tout au moins se sauvera. Lorsque à ces signes immatériels qui prouvent qu'une assemblée est persuadée, je comprends que la leçon est sue, je fais rompre les rangs, renvoie tout le monde à ses occupations, non sans avoir ponctué le discours d'un vigoureux :

— Et surtout, ne vous en faites pas !

On ne s'en fait plus. C'est fini. Presque plus de questions, à peine des renseignements. Pendant quelques heures, le paquebot est rempli d'aveugles qui tâtonnent, butent, se relèvent et recherchent le chemin. Quand ils ont enfin appris leurs parcours, ils se sentent prêts au pire. Les uns jouent aux cartes, chantent, dorment; d'autres viennent m'informer de leur prouesse — surtout les Levantins. Je réunis quatre alpins solides et décidés, leur remets revolver et cartouches, leur montre le poste où ils devront bondir, et abattre céans quiconque toucherait aux cordages : ils comprennent, et je puis compter sur eux. Afin de couper l'ennui de la traversée, de faire comprendre surtout que chacun doit concourir à la sécurité du bâtiment, j'organise six escouades de passagers veilleurs, avec chefs de veille à bâbord et à tribord, devant et derrière; soit de jour, soit de nuit, pendant quatre heures, ils regarderont en même temps que les timoniers du paquebot. Avant midi, le sens de la responsabilité a pénétré déjà cette troupe amorphe qui n'avait d'inquiétude que parce qu'elle ne savait pas. Auprès des canons, je désigne des factionnaires parmi les artilleurs ; ils serviront de pourvoyeurs de projectiles en cas d'attaque. J'incorpore au service du bord les marins passagers, afin qu'ils soulagent la veille des matelots du paquebot, peu nombreux et surmenés.

Dès le déjeuner, tout le navire est mis sur le pied de veille. L'horloge montée marchera jusqu'en France. La bonne volonté crée la bonne humeur. Sauf des rondes de contrôle, je ne suis plus autre chose qu'un passager ordinaire, qui lit, cause ou se promène, avec la certitude que chacun sait ce qu'il aura à faire.

J'avais indiqué aux passagers, pour le premier exercice d'évacuation, cinq minutes de délai entre l'alerte et la présence sur le pont des embarcations. Lorsque au soir, pendant le dîner, les coups de sirène retentirent à l'impromptu, je comptai sur ma montre. En quatre minutes et quart, tous les chefs d'embarcation m'avaient rendu l'appel complet. Personne n'était essoufflé, ni anxieux. Cela devint un jeu, le jeu de la traversée. Puis un sport. La nuit, en mer Ionienne, deux jours après le départ, les passagers ne mirent pas quatre minutes à sauter de la couchette, se vêtir, prendre leur ceinture de sauvetage et arriver à leur poste. Pendant les cinq jours de traversée, l'on reçut des nouvelles de torpillages proches ou lointains. Chacun avait le sourire. Près de la Sicile, un grand navire anglais que nous croisâmes à dix heures, fut envoyé au fond à midi. Ce sous-marin-là n'avait pas dû passer loin de nous. Les passagers en parlèrent en vieux loups de mer. A la dernière alerte, entre Corse et Marseille, ils battirent leur record, et furent prêts en deux minutes vingt secondes, exactement.

En France. — Avril 1916.

La première surprise de ceux qui revoient la patrie après une longue absence est de comprendre tout ce que dit un chacun, à la douane, dans les rues, dans les magasins et hôtels. Une aise particulière, la sensation du retour au bercail, rendent plus faciles, je dirai presque inexistantes, les infinies démarches de l'arrivée, les pertes de temps et petites vexations qu'un soupçon de bienveillance et de psychologie, chez les autorités des ports, éviteraient aux voyageurs anxieux de repos.

Mais ces menues mauvaises humeurs s'évaporent dans la vraie joie de fouler la terre de France. L'amour du pays n'est point un vain mot, ni vague, ni de rhétorique. Certains l'ont galvaudé par des rhapsodies enflées. Ceux-là n'ont point quitté leur patrie... ou si peu. Leurs grandes phrases ressemblent à celles d'un banquier expliquant la misère, d'un vieux garçon célébrant l'héroïsme des mères qui ont perdu leurs fils au front, d'un sexagénaire développant, à la fin d'un bon dîner et dans un salon tiède, les merveilleuses souffrances des héros de la tranchée... Ils ne savent pas et ils disent mal. La misère, l'héroïsme et la souffrance ne suscitent point d'expressions grandiloquentes. De même l'amour du pays.

Les petites joies, les émotions minuscules, sans expression pour ainsi dire, en constituent la trame et cette sorte de béatitude inconnue à ceux qui baignent dans la douceur du terroir.

Manier les billets de la Banque de France; pouvoir expliquer à un cocher ce que l'on veut et où l'on va; boire à une terrasse de café une boisson nette et non d'affreuses mixtures; acheter toute fraiche une feuille imprimée, où l'on lit les nouvelles du jour, de l'heure, écrites en langage quelquefois incertain, académique cependant au prix des solécismes étrangers; commander un menu français, goûter de la cuisine française, à une table autour de quoi tout le monde parle français; fumer des cigares ou cigarettes à l'arome authentique, dégagé de ces drogues dont on empoisonne les tabacs d'outre-mer; connaître le numéro des gants, des faux-cols, des chaussures, du chapeau qui remontent votre garde-robe; comprendre le sens de toutes paroles; s'expliquer en trois secondes, avoir réponse en deux... Je n'en finirais point.

Combien de fois n'ai-je pas goûté ces retours? Celui-ci n'est pas inférieur aux autres. Les

mêmes liens ténus s'accrochent tout doucement, bien tièdes et familiers, à l'esprit et au
cœur. On aime tout de ce qu'on voit. Les
défauts plaisent autant que les vertus. Cet esprit
un peu critique, cette ironie parfois vive, rare-
ment cruelle, dont nous revêtons nos faiblesses,
surtout nos grandeurs, par je ne sais quelle bien-
séance nationale de ne point nous poser en
peuple unique au monde, cette liberté de parole
et de pensée, le voyageur débarquant les retrouve avec un plaisir malicieux. Il sait bien
qu'elles nous valent les reproches aigus de ceux
qui nous connaissent mal et ne pénètrent point
au delà du masque superficiel ; il a quelquefois
regretté, au dehors, le vêtement un peu déguisé
dont la France recouvre la noblesse de ses
formes et le rythme de ses mouvements ; il a
pris dessein, peut-être, de ne point retomber
dans ses erreurs de naguère, dans ses dénigre-
ments légers. Mais allez donc demander à Céli-
mène d'abdiquer la coquetterie ! En quelques
heures la bonne vieille satire, fleur de notre sol,
bouillonne et pétille. On la retrouve en même
temps que l'usage du parler français, de la
question et de la riposte françaises. Elle était

dissimulée dans des nuances de langage dont on ne fait l'emploi qu'en famille — elles sont trop subtiles; elle dormait au fond de l'intelligence, comme une richesse frêle et précieuse qui ne se gaspille point chez les profanes; chacun l'avait laissée sur le quai de départ, en moratorium, et la retrouve plus vivante d'avoir sommeillé longtemps.

Mieux vont les choses, plus profonde et générale est la satire. Dans la chambre d'un grand malade, nul n'ose parler à voix haute, et le progrès de la guérison se mesure à la vivacité des propos qu'on se risque à dire. Les Français en usent de même, mais n'en font point bravade; c'est pourquoi leur patrie demeure le vivant mystère de cette guerre et de l'histoire. Pas une voix, pas un cri n'ont brisé le silence de concorde de la patrie arc-boutée, les dents serrées, contre le mascaret germanique. La Marne, l'Yser, le salut du monde, furent la contraction d'un être sain et vigoureux contre la mort. Il se taisait, laissant aux forces latentes, aux énergies accumulées dans tous ses muscles, la redoutable besogne de maintenir la vie, puis d'accrocher la guérison. Aussi longtemps que l'univers, penché avec angoisse sur cette blessée aux lèvres closes, put se demander si la France allait être le linceul ou le berceau de la liberté future, notre patrie ne se souvint pas qu'elle savait parler. Les autres, les vociférateurs allemands, hurlaient déjà dans l'oreille de toutes les nations qu'ils nous avaient asséné le coup qui nous mettait à genoux pour l'éternité. Ils savaient bien qu'ils mentaient, et d'aucuns le leur laissaient entendre. Alors, ils annoncèrent qu'à Verdun, sur le visage de la France, ils allaient nous marteler et nous jeter par terre; le monde comprendrait que notre silence n'était qu'épuisement, et non point l'attente de la victoire. Ils frappèrent.

J'arrive de Marseille, je retrouve Paris, au moment où les armées teutonnes, lancées comme des obus sur le blindage de la France, s'y sont écrasées et pulvérisées. Toute cette jactance de Berlin n'a pu qu'effleurer notre cuirasse, et s'effrite à ses pieds en amoncellements de cadavres. Stupéfaite et rageuse, elle s'y acharne encore, mais c'est partie perdue. Nos engins dominent les leurs, nos soldats ne veulent point reculer, notre patrie vaincra.

De cette certitude, le pays tout entier rentre en convalescence. Comment pouvait-il être pendant ces mois si longs où je ne l'ai point vu? Je ne le saurai guère que d'après les récits et les journaux parvenus là-bas d'où je viens. Les amis que je rencontre parlent peu de ces âges héroïques. La tourmente journalière emporte les pensées, les existences, dans un train vertigineux. D'ailleurs, la réticence de ceux qui sont restés au pays rappelle ces modesties des soldats revenant du front : chacun tait son œuvre passée, et le questionneur ennuie. Par hasard, dans l'abandon de la causerie, un détail fuse, une confidence filtre, mais on l'arrête aussitôt. Plus tard, bien après la guerre, les souvenirs classés sortiront des mémoires et des lèvres, et c'est alors seulement que s'écrira l'épopée où chacun aura joué sa partie. Les quelques jours que je passe en France ne m'apprennent pas beaucoup plus que ce que j'en savais déjà. Par les yeux seulement, je puis noter les différences de ce que je croyais voir et de ce que je vois réellement. Après une si longue absence, la vision acquiert une sorte de

fraîcheur renouvelée à cause des disparates
entre la vie française et les gestes méditerra-
néens, orientaux, les spectacles lointains, le
train de toutes choses étrangères ; elle reçoit
mieux aussi.

Une question est générale. « Trouvez-vous,
disent les interlocuteurs, trouvez-vous que nous
ayons l'air d'être en guerre ? »

Il y a, dans cet interrogatoire unanime, des
inquiétudes de toutes sortes. Les pessimistes,
les embusqués, ceux qui collaborent à la guerre
du minimum de leurs moyens, et cherchent
par la critique d'autrui l'excuse de leur apathie, accompagnent leur question de considé-
rants qui déconcertent : ils veulent, semble-t-il,
apprendre au voyageur que tout en France est
au pire, et que dans les autres pays... « Ah ! les
autres pays, monsieur ! que de choses ne nous
apprennent-ils pas ?... »

Les optimistes, les esprits de peu de critique, ne souffrent point qn'on assigne à la
guerre une durée supérieure à trois mois, à
l'automne au maximum ; on les croirait sortis
d'un de ces grands cadres de la galerie des

Batailles, au palais de Versailles ; ils en sont encore aux sièges, aux offensives bien pomponnées de Van der Meulen ou de Rigault ; cent canons ici, cent mille hommes là, un million d'obus derrière : « Nous faisons la trouée, monsieur, et nous voilà sur le Rhin... »

D'autres parlent peu. Prophéties ou pronostics leur sont étrangers. Ils se battent, reçoivent les crapouillots et les bombes, font des prisonniers, tuent des Allemands, et savent que ce n'est pas mince affaire. A juger le travail dans leur petit coin de front, ils devinent l'œuvre immense à accomplir sur les mers, dans les usines, à l'étranger, aux camps de formation. Tout ce qu'ils demandent, avec précaution et un peu de crainte, c'est : « Et vous, monsieur, qui venez de loin, qu'en pensez-vous ? »

A ceux-ci et à ceux-là, quelle que soit l'anxiété de leur patriotisme, je ne vois qu'une réponse à faire, sincère, vérifiée chaque jour : « La France est très bien. »

Après tant de mois passés au dehors, on pouvait craindre que la réalité ne correspondît pas à l'attente de celui qui ne voyait point.

Certes, il faudrait être bien ignorant de la nature humaine pour supposer que l'abnégation, le don total et mystique, si j'ose dire, de chacun et de chacune, ait pu survivre après deux ans de guerre à l'élan des premières semaines. Nul ne peut se tenir au paroxysme de la joie, ni du deuil, ni de la douleur, ni de l'amour, ni d'aucune émotion trop puissante. L'enthousiasme n'échappe point à cette règle. Après l'ivresse de ses épousailles avec la guerre, la France a connu des tortures et des contentements qui ont créé, moyenne et permanente, sa mentalité guerrière. Cette guerre, aussi bien dans sa croissance que dans ses alternatives et les sentiments qu'elle aura suscités chez les nations, ressemble à un être vivant. Elle aura eu une jeunesse passionnée, un âge mûr, calme et résolu. Elle aura une vieillesse, une décrépitude et une mort. Quand l'histoire l'étudiera, elle notera les pulsations et les progrès de cette vie réelle, qui ne sont pas plus sensibles aux acteurs présents que ne le sont à un homme actif les menus passages d'un état d'esprit à un autre. Sur le moment, l'on s'inquiète de savoir ce qu'on pense, ce qu'on veut, ce qu'on va faire ; il faut être sorti de crise et avoir pris du recul pour juger lucidement de ce qu'on a été, pour s'approuver ou se critiquer.

La France d'avril 1916 vit l'âge mûr de cette guerre. L'ensemble des causes initiales a donné son effet ; tel un adolescent qui a commis des fautes et se propose, plus assagi, de poursuivre sans erreur une carrière moins dangereuse, elle réfléchit et elle critique. Chaque Français a son patriotisme, comme il a ses opinions et sa croyance. Chacun d'eux expose ses idées, qui ne sont pas celles du voisin, et tendent cependant au même but, la victoire. Cette diversité d'opinions produit, aux oreilles de ceux qui en sont journellement assourdis, une manière de discordance qui peut décevoir les ennemis ou les neutres : mais comme on se tromperait, si l'on supposait que la moindre de ces querelles ne concourt pas à une fin unanime.

Notre France est unie : l'on connaît des nations qui n'en peuvent dire autant. Nulle province, nul département n'y fait bande à part. Il n'est pas un seul de ses enfants, isolé, en groupe, en coalition, qui, soit en public, soit au fond de son âme, ose se proclamer germanophile : seule entre toutes ses alliées, elle peut montrer une harmonie aussi complète. Seule encore, elle a offert, du premier jour et aux premiers coups, le plus pur de sa force et le plus rouge de son sang. Elle était mal préparée, mais elle était prête. Pas un de ses foyers qui n'ait donné un homme, pas une de ses familles qui n'ait subi son deuil; où est l'autre peuple qui mérite une telle louange? Quoi qu'on lui ait demandé, argent, soldats, privations ou patience, elle l'a donné sans restreindre. Elle ne l'a pas donné en esclave, qui obéit sans comprendre; elle ne l'a pas donné en marchandant, en exigeant le prix de son sacrifice; elle ne l'a pas donné sous les coups redoublés de la nécessité, de mauvaise grâce, après mille et mille objections. Non, simplement, loyalement, avec le cœur, parce que son bon sens et son âme ont dit qu'en face du plus félon des adversaires il lui seyait de prendre figure de noblesse et de chevalerie.

Qu'importent, désormais, les quelques verrues sur quoi s'hypnotisent des esprits chagrins? « Les théâtres sont rouverts, dit l'un, regardez ces affiches! » « Venez voir les thés à la mode, dit l'autre, et le luxe effréné des toilettes! » « Ah! si vous connaissiez l'étrange morale de certaines femmes! » articule un troisième. Et, tous ensemble : « Pendant ce temps, nos soldats et nos marins souffrent! L'arrière n'est pas digne de l'avant! »

Rassurez-vous, Catons et Arsinoës! Ceux qui peinent réellement, au front et sur les mers, ne souhaitent pas que la France s'engourdisse dans une paralysie générale d'ennui. Ils se battent et se font tuer pour assurer le bien-être, le bonheur des générations futures, d'accord, mais aussi pour entretenir la bonne humeur de celle-ci. L'hypocondrie ne fait point les grandes œuvres. Ils n'iront pas à la mort avec plus d'entrain s'ils supposent que derrière eux, au foyer et dans la rue, tous les yeux pleurent, toutes les âmes s'étiolent. Ils savent que vos cœurs souffrent et que votre tendresse attend leur retour, mais ils vous en voudraient de ne pas montrer à l'univers ce visage souriant dont la subtilité française a toujours caché ses affres les plus cruelles. Égayez-

vous, modérément, comme s'ils étaient là ;
c'est la vraie gratitude qu'attendent leurs
efforts. Croyez-vous que, dans leurs moments
de permission, il leur serait agréable de retrouver un pays morose, mélancolique, dont
seraient bannis et le rire et le gai savoir?
Alors, et à juste titre, ils vous reprocheraient
de ne point remplir votre devoir à l'arrière, et
de transformer la France en une sorte de Germanie, en une nation que chaque jour de
guerre enfonce davantage dans le marasme, la
désolation et le désespoir. La chanson aux
lèvres, ils reçoivent les obus ; attendez leur
victoire en souriant.

Je ne vais pas jusqu'à prétendre que certains
spectacles ne choquent point. Loin de prati-
quer cette modération dans le plaisir où les
soldats ne verraient rien à reprendre, plusieurs
catégories d'individus semblent raffiner d'in-
conscience ; non seulement ils semblent croire
que la guerre ne doit rien changer à leur genre
d'existence, mais ils s'efforcent d'y vivre plus
luxueusement, plus joyeusement qu'au temps
de paix. Pour peu nombreux que soient ces
fâcheux échantillons d'humanité, ils font du

bruit, on ne peut s'empêcher de les coudoyer, d'en être offusqué ; leurs unités bruyantes cachent les innombrables existences dévouées, muettes, calmes, qui constituent le corps de la nation... Je ne suis pas sûr que toutes ces belles évaporées, que tous ces jeunes gens qui continuent à adorer la mode, soient de race ni de naissance françaises. Jadis, la réputation de la Babylone parisienne était fondée sur une congrégation étrangère, recrutée chez ces bons apôtres qui nous en faisaient injure. De même, aujourd'hui, Paris ne peut se défendre de supporter maint visiteur, que la guerre ne touche ni de près ni de loin, et que son impuissance d'adaptation au ton général marque avec certitude comme étranger à notre pays... Et puis, quand même certains d'entre eux seraient Français, ils sont sans doute ceux-là qu'avant la guerre leur train de vie ou leurs allures rendaient méprisables à notre bon goût. Tels ils se posaient, tels ils demeurent. Accordons-leur du mépris, voire de la haine, mais n'outrepassons pas l'équité, et gardons-nous d'imputer à la nation entière, admirable et stoïque, les vaines inanités d'une poignée d'inconscients.

Ces taches légères, perceptibles à Paris ou dans les grandes villes, miroirs grossissants, disparaissent au sein des campagnes. Penchés sur la terre riche où dort la nourriture des soldats et des familles, vieillards et paysannes travaillent. L'amour du sol est augmenté par la fatigue du manque d'hommes; rien ne distrait du devoir sacré d'entretenir la glèbe. On pense à la guerre, mais c'est pour lutter contre elle, sans paroles ni gestes inutiles. Sur les sillons, à l'étable ou dans la grange, partout où des lèvres simples prennent le temps de causer avec le passant, l'on devine la permanence de deux idées, finir vite la guerre, mais la finir bien. Aucun sophisme ne peut détourner ni troubler ce réseau puissant de décisions calmes. S'il est vrai que la victoire doit s'obtenir par la résistance du quart d'heure final, la France le trouvera dans cette race patiente des labours et des pâturages. Fruste, peu compliqué, Jacques Bonhomme s'est accroché depuis quinze siècles à la terre, et a triomphé de toutes les catastrophes, pour en conserver la possession et augmenter sa richesse; il trouvera moyen de donner à la patrie ces quinze minutes inscrites au cadran de la victoire.

L'Orient me rappelle. Les quelques jours de travail, où j'ai préparé ma prochaine besogne, sont écoulés. Entre des visites d'usines ou de chantiers, des stations dans les bureaux, j'ai aperçu Paris, deux ou trois villes, un peu de campagne. Je m'en vais content. Avant le départ, un officier de mes amis m'emmène faire au front une promenade de quelques heures. J'ai vu la merveille de nos armées. Quoi qu'on en ait dit, et dans les termes les plus hauts, elle dépasse toute attente. Les grandes voix des écrivains guerriers n'exagèrent rien ; celles des poètes de l'avenir n'y atteindront pas. Il faudrait que la France entière, l'univers, pussent faire le pèlerinage des tranchées et des batteries. Quel doute s'élèverait dès lors sur la sincérité de notre guerre et l'étendue de notre sacrifice? Qui oserait nous refuser, dans le concert des nations, la première place qu'ont gagnée notre sang, notre constance et nos deuils? Souvenons-nous de nos morts, et faisons-leur la victoire dont ils ont été les architectes.

Au crépuscule, derrière les lignes, je traverse un petit cimetière de soldats. Bleuets,
pâquerettes et coquelicots poussent autour
des croix blanches, où sont inscrits les
noms de ceux qui ne dormiront point au
pied du clocher natal. La terre frémit,
autour d'eux, de la lointaine rumeur des
canons, et ils tremblent, dans leur dernier
sommeil, posés entre la France et les héros
des tranchées. Partout, des Vosges à la mer
de Flandres, ces nécropoles agrestes, nobles
comme des sanctuaires antiques, font au
front de la France une couronne de sépultures que l'ennemi ne violera pas. C'est
ma dernière vision avant de retourner aux
ciels splendides d'Orient. Ici, le soir est
pur et doux; le couchant devient mauve,
et quelques petits oiseaux font un fin cantique pour endormir les mânes des martyrs.
Ce chant qui déchire l'âme est le prélude
de l'hymne triomphal dont la France, reine
et libérée, saluera bientôt l'œuvre des soldats. O morts, vos ossements sont le diadème de la patrie!

Rome, 1ᵉʳ mai 1916.

Pas un tramway ne circule dans les rues ; presque tous les magasins sont clos. Hier, Rome vivait et bruissait. Aujourd'hui, la fête du travail enveloppe ses rues, ses places et ses jardins d'une torpeur qu'il est étrange, après deux années de guerre, de retrouver dans une des capitales de l'Europe belligérante. Que faire, sinon revoir et goûter les splendeurs antiques et modernes ?

Mes compagnons (1) et moi interrompons nos démarches italiennes pour ce pèlerinage d'une journée. Un divin soleil de printemps la rehausse. Il s'éploie sur les sept collines avec tant de généreuse douceur qu'il faut faire effort pour se souvenir de la guerre. Je vais à Corfou ; mes deux amis rejoignent, l'un l'aviation militaire de Salonique, l'autre la mission navale d'Athènes. Ensemble, nous venons de quitter la France ennoblie par son effort et

(1) Enseigne de vaisseau de Béarn et lieutenant aviateur de Eynde.

penchée sur lui ; nos destins vont nous séparer bientôt sur les marches extrêmes de la guerre orientale. Entre les besognes de la semaine dernière et celles de la prochaine, cette promenade sans autre dessein que le plaisir des yeux et la délectation des souvenirs forme quelques heures de vacances parfaites.

Le Forum et le Colisée, le Pincio et le Vatican, pôles de la gloire et des délices romaines. Hors Paris, je ne connais point d'autre ville où le plus ignorant des voyageurs sente mieux qu'il se promène dans l'histoire. Les pierres parlent. Les ruines appellent vers les siècles passés. Elles sont comme ces femmes très belles que la vieillesse outrage sans leur ôter la flamme du regard, l'éclat du teint, et ce je ne sais quoi d'indestructible qui fait rêver le passant : « Que cette femme dut être belle, puisque ses cheveux blancs séduisent encore. »

Quel âge, sinon le nôtre, pourra jamais comprendre la douloureuse majesté des ruines ? Quelles âmes, sinon les françaises, recevront un choc plus sourd devant une colonne rompue, des statues mutilées, un amas de pierres amoureusement sculptées par les hommes et massacrées par des Barbares? Les temples écroulés du Capitole connurent la jeunesse rayonnante de la cathédrale de Reims. Nos yeux contemplent aujourd'hui la même patine atténuée dont la pitié du temps revêtira les décombres de nos villes martyres. Là-bas comme ici, les pierres qui gisent à terre sont les larmes de l'Histoire.

Brindisi, 3 mai 1916.

De Vintimille à Brindisi, sur ce long trajet diagonal de la péninsule italienne, rendu plus long par les retards de trains et l'incertitude des correspondances, une conviction se forme, s'amplifie d'étape en étape, et devient impérieuse.

Sur cette terre que la nature avait faite riche, et à qui l'unité politique a rendu l'union d'effort vers la prospérité, un extraordinaire jaillissement d'œuvres grandes, de travaux, d'industrie humaine, traduit à chaque pas la deuxième renaissance de l'Italie. Les beaux ports, heureusement situés dans des golfes et

des baies bien placés sur les routes commer-
ciales, s'accroissent de bassins immenses, de
jetées de granit, propres à recevoir les plus
puissants paquebots du trafic universel. Les
nobles villes, respectueuses de leurs trésors
d'art, les entourent de monuments altiers,
gares, hôtels de ville, bourses et galeries,
nécessaires au mouvement des foules modernes
et à l'opulence des transactions nouvelles.
L'on ne sent point, dans ces architectures, de
hâte ni de petitesse. Les quartiers récents,
ceux où la pierre d'hier a remplacé les laideurs
enchevêtrées de jadis, montrent une ordon-
nance solide et raffinée; quelquefois, l'œil
s'étonne de telle bâtisse où le maçon, anxieux
de s'évader des styles et procédés classiques,
a créé d'informes ornementations, magnifiques
et écrasantes; mais ce sont raretés; l'ensemble
plaît, donne au promeneur un sentiment de
plénitude aérée, solide, agréable à l'œil.
Certes, cette Italie en construction ne sera
point indigne de ses deux aînées, l'Italie antique
et l'Italie du moyen âge.

Ce sont là visions accessibles à tous, au
voyageur oisif, à l'homme du monde sans

autre culture que celle du goût, au promeneur, muni d'un bon guide et curieux seulement des plaisirs du regard, qui se réjouit de rencontrer d'un seul clin d'œil, dans un raccourci frappant, les créations des trois grands siècles bâtisseurs : le vingtième, le quinzième et le premier de notre ère. Mais la joyeuse surprise se prolonge et s'épanouit lorsque, après l'admiration de son œuvre artistique, l'on pénètre plus avant dans l'infinie variété des usines, des manufactures et des chantiers, quand on visite et étudie les sources du labeur de l'Italie actuelle. Là devant, il faut s'incliner.

Quelque informé que l'on soit du génie de cette race, de sa pléiade de savants et de créateurs qui ont inventé, innové ou perfectionné dans tous les domaines de la science, l'admiration s'impose en face des puissantes industries que la nation adolescente a implantées sur tout son sol. La chimie, l'électricité, la mécanique, les tissus ou l'aviation, chaque effort de l'habileté humaine s'y abrite dans des palais. La lumière tombe à flots sur les ouvriers, le confort des bureaux et salles d'études rend plus agréables les recherches de l'ingénieur, l'ampleur des voûtes et la propreté des ateliers traduit la puissance gaie, le progrès souriant. Tout cela n'est que l'extérieur. Si le visiteur averti examine les machines, les procédés et les tours de main, il voit que cette splendeur n'est point seulement peinture et belle présentation. Chaque outil, chaque perfectionnement, représentent la dernière trouvaille de l'ingéniosité des hommes. Dans un salon de cuivre, d'acier ou de ciment, elle agit et produit. Le moindre détail est étudié. Un fil, un engrenage, un manomètre, trahissent la recherche, les résultats de la dernière semaine, que ce soit en Amérique, en Allemagne ou en France. Heureux et fiers, les ingénieurs indiquent au passant le pourquoi et le comment de tels procédés qui surprennent. Chaque usine est un luxueux résumé de tout ce qui peut se faire. Elle présente à la fois la sécurité de l'avenir, l'aise dans la réalisation, la magnificence des moyens. Une envie secrète, une jalousie que l'on n'exprime pas, surgissent au fur et à mesure de ces visites.

Sans doute, l'on sent dans cet essor la main, la manière et les capitaux germaniques : pendant plus de trente années, sur cette terre d'élection où ils ont deviné la plus riche de leurs colonies industrielles, les Allemands ont prodigué leurs conseils et leur or. A la nation, nouvelle née, gonflée d'espérances et de fortune latente, mais privée de crédit, ils ont prêté le leur. Par leur aide journalière, l'Italie a fait surgir ce merveilleux ensemble commercial et industriel qui l'a placée au premier rang des directeurs de la civilisation. La guerre présente lui a ouvert les yeux. Elle a compris que, dans le trust mondial où l'Allemagne prétendait se soumettre toutes les forces productrices de l'univers, l'alliée de Berlin n'entendait pas lui donner un rang plus haut que celui de succursale. Elle s'est ressaisie. Se rappelant son histoire, elle a compris que l'heure était venue d'éluder une tutelle trop autoritaire; dernière venue des grandes nations, l'Italie s'est souvenue qu'elle avait eu besoin d'autrui pour rassembler son territoire, constituer une patrie, créer son unité. A tour de rôle, chacune des nations d'Europe lui a prêté son aide temporaire; aujourd'hui, pour sa gloire économique, les Austro-Allemands prétendaient donner leur or en échange de servilité. Elle les écarte d'un coup d'épaule. Elle reprend sa place au milieu des peuples libres et progressifs où on l'attendait depuis longtemps. Ce n'est point une intruse, encore moins une indigente, mais une Minerve armée de pied en cap, lumineuse, opulente et subtile, qui se jette dans la bataille afin de paraître encore plus grande lors de la paix qu'elle aura aidé à conquérir.

Brindisi, 4 mai 1916.

Sous l'autorité supérieure de l'amiral italien, commandant en chef à Brindisi, de nombreuses forces navales concourent à la surveillance de l'Adriatique et au harcèlement des côtes autrichiennes. Quelques croiseurs britanniques, deux puissantes escadrilles de contre-torpilleurs et de sous-marins français, une nombreuse défense mobile italienne, peuplent ce port aux multiples méandres. Dans les bassins et darses, entrant et sortant, sifflant et fumant, les navires gris sombre, gris clair et gris vert montrent cette perpétuelle activité de la ville maritime.

Par groupes allègres, les bateaux légers qui prennent la faction du large rentrent au matin ; après quelques jours de repos et de réparation, ils partent, couverts de signaux, repeints à neuf et pimpants, pour une tournée de gloire incertaine et de fatigues assurées. D'autres se faufilent au soir, invisibles et muets, dans le dédale des bouées et des digues aux feux éteints ; l'on n'entend pas plus leur passage que celui d'un oiseau dans l'air ; avant l'aurore prochaine, ils seront là-bas, sous les hautes rives du Monténégro et de l'Albanie, chassant et chassés. A leur retour, nocturne ou en pleine lumière, ils auront ce même air fatigué des soldats qui vont à l'arrière effacer les boues du front : une cuirasse de sel revêtira leurs cheminées ; sous la vague et l'embrun d'une semaine de dure navigation, la peinture arrachée montrera des dartres d'acier ; fourbus, courbés sous les pesantes vêtures de caoutchouc et d'huile, les hommes auront des visages mal rasés, du charbon au coin des paupières et des lèvres, des yeux rougis par la brûlure du vent et de l'écume. Quelques heures plus tard, matelots et torpilleurs seront à nouveau rajeunis. Les uns dans les rues sonores, les autres au mouillage abrité, attendront avec insouciance les prochaines besognes.

Le temps est lointain où Brindisi, seuil de l'Europe occidentale vers les Indes et l'Extrême-Orient, ne recevait comme visiteurs de marque que les luxueux paquebots, porteurs et preneurs de la malle asiatique. Ils emplissaient le port de leurs carènes aux innombrables hublots, l'atmosphère du mugissement de leurs sirènes, la ville du flot pacifique et affairé des voyageurs et de leurs bagages. La guerre a mis, ici encore, un cadenas à cette activité féconde. L'Adriatique, la Méditerranée ne livrent plus de passage qu'aux navires de bataille ou ravitailleurs de bataille. Brindisi est close au commerce. Marchés, cafés et rues regorgent de marins qui parlent tous les langages alliés. La gare reçoit, sans cesse, les lourds wagons craquant sous le poids des munitions et approvisionnements de guerre. Sur la liste des hôtels, on ne lit que noms d'officiers venus de Grèce ou partant là-bas, chargés de

missions et d'ordres, investis de commande-
ments, en route pour leur poste. L'on constate,
mieux qu'en tout autre port, le mouvement
effréné de forces humaines que notre alliance
dirige en tous les lieux où la victoire peut
s'acquérir. La population civile est submergée,
engloutie dans cet afflux perpétuel d'uniformes,
de casquettes et de galons qui se précipitent
en grande hâte vers les destinations de guerre.
De la gare au quai, anxieux de saisir le premier train, le premier bateau, ils se présentent
et vont montrer leurs papiers aux chefs des
missions maritimes ou militaires, françaises
ou britanniques. On leur passe rapidement les
nouvelles du jour, reçues par radiogrammes;
ils apportent les récits du pays d'où ils viennent : Paris, Salonique, Alexandrie ou Londres.
Quelques heures plus tard, la vitesse les a
repris, et ils ne se rappellent de Brindisi qu'un
tourbillon de demandes et de réponses, de
papiers lus, paraphés et contresignés, de
courses en canot, en voiture, en automobile,
à la recherche d'une cabine, d'un compartiment ou d'une malle égarée.

Plus calmes, en dehors de leurs navigations

dangereuses, les marins détachés dans ce faubourg maritime y goûtent une existence provinciale, ennuyée, presque d'exil. Les nombreux camarades que crée une existence errante, et que l'on ne s'étonne plus de rencontrer en quelque coin perdu que ce soit, vous happent au passage et vous entraînent sur leur bateau : « D'où viens-tu? Raconte-moi les nouvelles. Viens donc cinq minutes à bord de mon sousmarin. Tu dîneras avec nous. Il y a un tel, et un tel. Tu verras aussi le commandant du..., tu sais, celui qui a coulé un autrichien la semaine dernière. Il l'a d'ailleurs échappé belle. »

Entre deux tubes lance-torpilles, le cercle se forme. Des autres sous-marins, pressés au mouillage et reluisants, se détache un ami, un compagnon de quelque ancienne campagne, qui arrive en courant, main tendue, pour ne pas non plus manquer les nouvelles. La conversation s'amplifie, pleine de ces détails précis, simples, dont est fait le dialogue d'hommes du même métier. Les hasards de la mer, l'avarie ou la chance imprévues, la guigne de celui-ci, la veine de tel autre, les doléances de l'inévitable mécontent, tout s'enchaîne. Voilà quelques bons instants de gagnés, aussi bien pour le voyageur que pour l'exilé.

L'on continue à table, où des officiers inconnus s'asseyent à vos côtés, se présentent sans phrases, et apportent leur paragraphe à la gazette du jour. Aux tables voisines, des Italiens, des Anglais disent bonjour et interpellent. Tout ce monde jeune, agissant et féru d'action, loge dans un vaste paquebot germanique, interné à Brindisi, et aménagé en caravansérail des officiers de sous-marins. Il y a aussi des aviateurs, des aéronautes, tous ceux qui, de par leurs fonctions, ne sont point pourvus d'un logement réglementaire. Dans la grande salle à manger du paquebot, aux dorures et aux rinceaux dessinés à Munich, l'essaim des officiers alliés se répartit suivant les goûts, les spécialités et les nations; des matelots maîtres d'hôtel servent le même menu écrit en trois langages, de même qu'une seule pensée anime les causeries : la haine de ceux qui ont construit cette auberge flottante.

Canal d'Otrante.
De Brindisi à Corfou, 9 mai 1916.

Sur un petit chalutier, nous traversons le canal d'Otrante. Il est fatigué, branlant de la quille à la pointe des mâts. Depuis des mois, le patron ni l'équipage ne se souviennent d'un vrai repos. Aujourd'hui en Adriatique, demain en Ionienne, toujours sur l'eau immense et mauvaise, ils dorment dans des draps humides, le jour ou la nuit, indifféremment, s'arrêtant aux ports pour quelques heures de charbonnage, repartant bien vite après avoir pris quelques passagers ou des colis perdus. Ils sont macérés, salis, et montrent cette bougonnerie pleine d'entrain des vrais loups de mer.

Hier au soir, nous avons mis plusieurs heures à sortir de Brindisi. Entre le mouillage du chalutier et l'issue des chenaux, la distance d'un mille ou deux, à peine, eût pu être couverte en quinze minutes. Mais il faisait une nuit d'encre. La brume, épaisse et blan-

châtre, empêchait que l'on vît à deux pas.
Et puis, la veille, plusieurs avions autrichiens
avaient laissé choir sur la ville quelques
bombes bien placées. De ce fait, l'obscurité et
la prudence ont redoublé. La gare abrite des
trains entiers de munitions, et les autorités ne
souhaitent point qu'une nouvelle incursion
nocturne, guidée par les lumières du port,
vienne semer parmi les wagons et les rues la
mort et la destruction.

Quand nous avons quitté le quai, la ville
était plus sombre que d'ordinaire. Les lampes
bleues, faibles vers luisants des cités italiennes,
s'étaient presque toutes éteintes sur les places
et carrefours, et nous avons buté dans maint
rail, mainte caisse égarée sur la chaussée, avant
d'atteindre sur le bord sombre de l'embarcadère l'obscur bachot qui nous conduisit au
chalutier.

De huit heures du soir à deux heures du
matin, dans les passes et entre les corps-morts,
hésitants, stoppés, repartant, noyés dans les
ténèbres où quelques voix, des cris soudains,
plusieurs bateaux surgissant du noir et y retour-
nant, avaient été les spectres au milieu de

quoi le chalutier cherchait sa voie, un pilote enfin vint nous prendre, et nous sortit. Notre hélice se mit en marche résolument, et le frêle bateau pointa dans l'immensité livide où rôdent les sous-marins. Tant bien que mal, mes compagnons et moi nous installâmes, roulés dans des couvertures, aux coins de la cabine du patron, grande comme une grande armoire. Nous nous répartîmes la veille, afin d'aider les braves gens qui la font depuis si longtemps.

Je reste sur la passerelle jusqu'à cinq heures du matin. Il fait humide et froid. Les yeux pleurent. Les cigarettes allumées se mouillent et s'éteignent. On ne voit rien que cette fumée blême et traînante, la brume, transpiration de l'eau. Quelques lueurs sales flottent au ras de l'horizon. L'aube approche. Mon camarade vient me relever à la veille. Je descends chercher dans l'armoire-logement un mauvais sommeil qui ne vient pas. Au moment où je commence à ne plus sentir sous mes coudes le bois de mon grabat, et où le roulis du chalutier devient comme le bercement d'un rêve, un brouhaha subit anime le bateau. Je me réveille, écoute, et vais me rendormir. Un coup de canon éclate. Grimpant l'échelle droite, je tombe sur mon camarade qui, dans la pénombre grise de l'aube, murmure à mon oreille : « Un sous-marin. »

Il est là, fort près. Nous attendait-il? L'avons-nous surpris dans sa patrouille nocturne? Le sommet de sa coque boursoufle, gris sur gris, l'eau calme. Plusieurs obus, bien dirigés, tombent tout près de lui, et forment autour de ce fantôme de navire comme des colonnes de fumée. L'ennemi s'enfonce. Il fait peu clair, il ne fait plus noir, et l'on ne distingue rien de précis. Que le sous-marin ait plongé ou non, notre chalutier fait un grand circuit, tourne le dos, et pique vers le sud. Tout le monde est à son poste, attendant de revoir quoi que ce soit. Personne n'aperçoit chose qui remue, sinon un ourlet incertain sur la surface des ondes, une cicatrice qui marche vite, très vite, vers nous. C'est le sillage d'une torpille. Le patron lance à gauche son chalutier. Je vais vers l'arrière, où il semble que se dirige la torpille. Arrivé au mât de pavillon,

je la vois qui passe, presque à toucher, coupant notre chemin à angle droit. Elle nous a
manqués de rien, mais déjà la voici hors de
vue, et seules les bulles d'air de son passage,
inoffensives, viennent crever dans notre
écume.

Le jour, clair et pur, grandit. Après un détour, le chalutier reprend sa route vers Corfou.
Les veilleurs de service continuent leur faction.
Les autres se lavent, fument, se promènent sur
le pont étroit. La faim nous prend. Mais le
patron nous annonce qu'on avait négligé de lui
dire qu'il prendrait, hier soir, trois officiers
passagers. Il n'a, pour nous, aucune provision
d'aucune espèce, et sa provende personnelle
est maigre, car son escale à Brindisi a été
courte, et il comptait se ravitailler à Corfou.
Nous avons faim, je le répète. Il faut trouver à
manger.

Sur le pont, de grandes caisses de bois blanc
portent l'étiquette de croiseurs, de cuirassés
mouillés à Corfou ou aux îles Ioniennes. Le
parfum de ces caisses signifie victuailles. Celle-
ci contient des conserves. La paille de celle-là
recèle des œufs... Les trois compères se con-

sultent, et tombent d'accord. Un tournevis, un marteau, des tenailles, font jouer une planche ici, un joint là… Une heure plus tard, à tour de rôle, nous allons surveiller à la cuisine en plein vent l'omelette, le poulet en gelée et les asperges en branche que notre industrie a volés aux nourritures des grands navires. Sur une table grande comme un damier, nous dévorons ces rapines, rehaussées d'un fromage et d'une bouteille de vin également cambriolés. Nous n'avons pas de remords. Tout au plus, rions-nous du chef de gamelle inconnu qui découvrira le trou ménagé dans ses provisions. Elles sont, d'ailleurs, succulentes.

Corfou grandit ; son cortège d'îlots, de montagnes altières, emplit notre horizon. Pour mes camarades, c'est une simple escale entre Paris et Athènes ou Salonique. Pour moi, c'est le nouveau terrain d'où les avions maritimes, lancés en vol sur l'Adriatique, l'Épire et l'archipel Ionien, vont faire la police des cieux et des ondes. Jadis, dans la genèse de cette guerre, je l'ai côtoyée souvent sans y atterrir. Elle m'avait paru belle, sous les crépuscules et les aurores d'antan. Ses formes, violettes et grandissantes, semblent de bon accueil en ce soir qui la rapproche.

A cinq heures, au milieu de marins de France, de soldats serbes et de spectateurs grecs, je foule son quai lumineux et nu.

FIN

TABLE DES MATIÈRES

PARIS

TYPOGRAPHIE PLON-NOURRIT ET Cie

Rue Garancière, 8

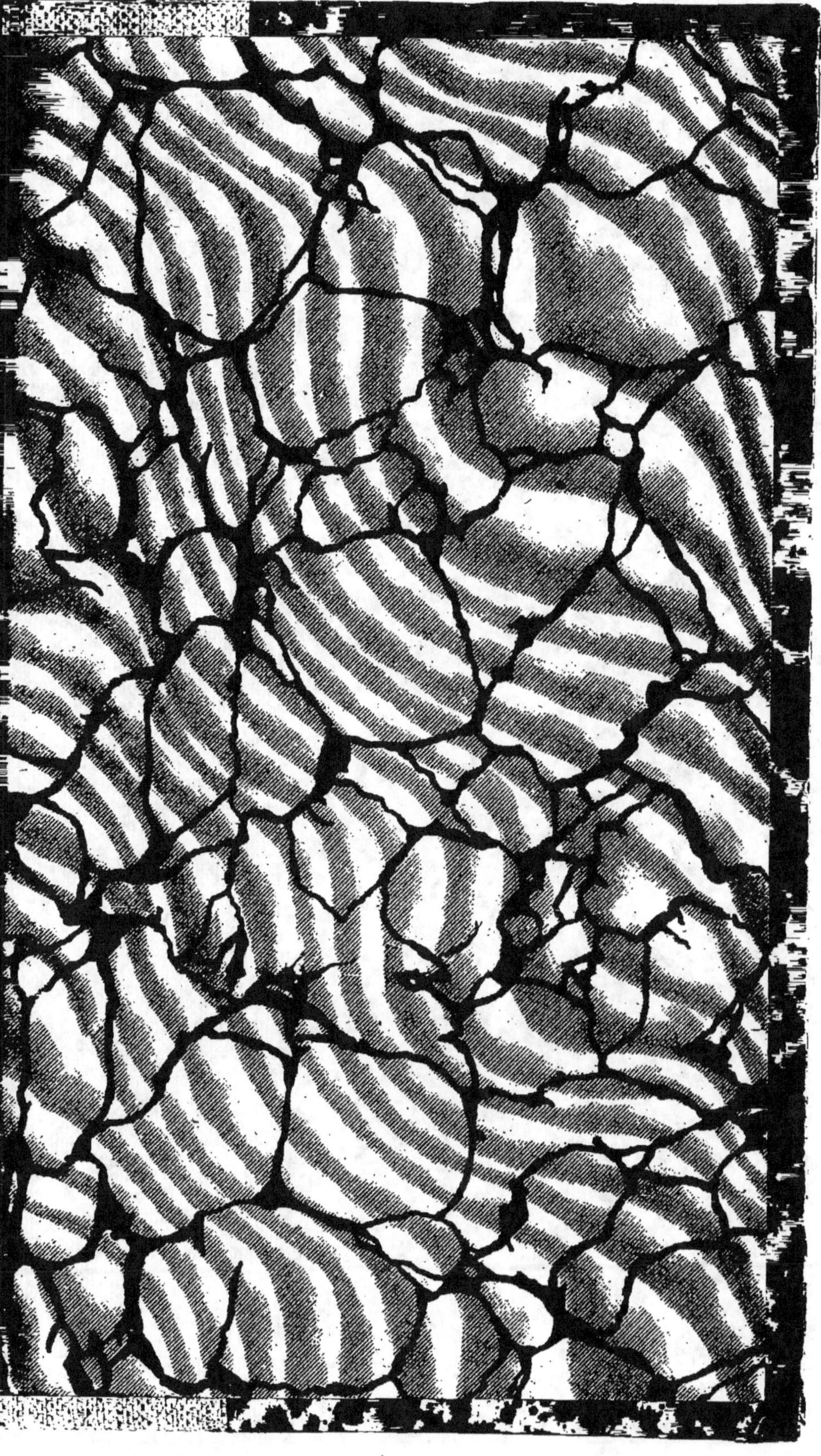

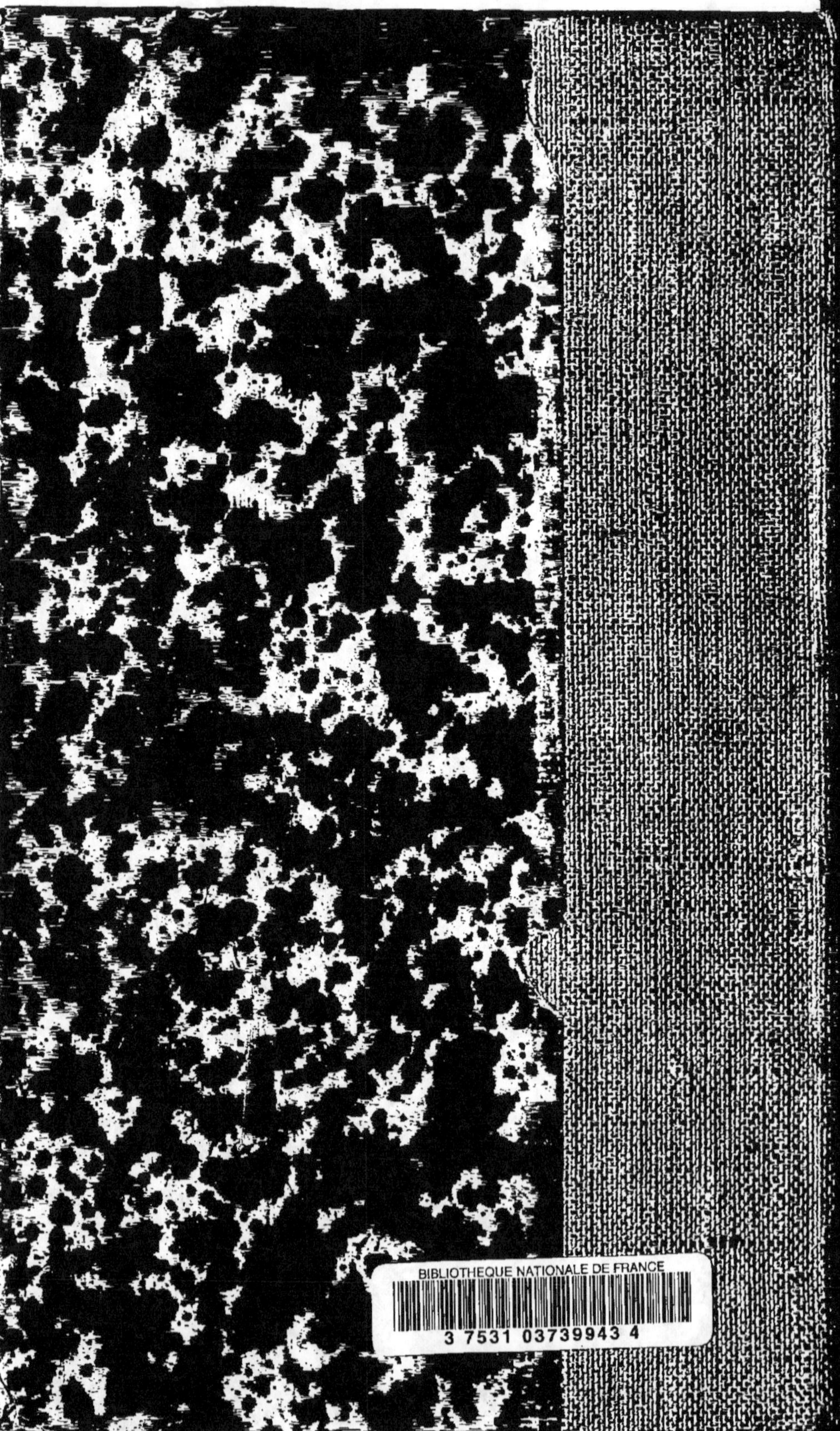
BIBLIOTHEQUE NATIONALE DE FRANCE
3 7531 03739943 4